김종훈 http://cerg.jejunu.ac.kr jkim0858@jejunu.ac.kr
제주대학교 교육대학 초등컴퓨터교육전공 교수
홍익대학교 전자계산학과 이학박사
『컴퓨터 개론』(한빛미디어, 2006),
『프로그래밍 언어론』(한빛미디어, 2008) 등 17권

양영훈 atriple1981@naver.com
제주 대정초등학교 교사
제주대학교 컴퓨터교육전공 박사과정
『창의적 생각을 키우는 IT 퍼즐』(다올미디어, 2013)

김병수 pigpotato79@naver.com
제주 신산초등학교 교사
제주대학교 컴퓨터교육전공 교육학박사
『스타일 Web 프로그래밍』(웰북, 2009)

김승완 kswandrea@naver.com
제주 백록초등학교 교사
제주대학교 컴퓨터교육전공 박사과정

김은길 computing@korea.kr
제주 도평초등학교 교사
제주대학교 컴퓨터교육전공 교육학박사
『스크래치 프로그래밍』(다올미디어, 2012)

김태훈 gtranu@naver.com
제주 새서귀초등학교 교사
제주대학교 컴퓨터교육전공 박사수료
『생각을 키우는 LOGO 프로그래밍』(학지사, 2010)

현동림 gody5@naver.com
제주 안덕초등학교 교사
제주대학교 컴퓨터교육전공 교육학박사
『스크래치 프로그래밍』(다올미디어, 2012)

● 독자를 위한 카페
  http://cafe.naver.com/softwareeducation

스크래치로 배우는 STEAM 교육

발 행 일_ 2015년 10월 01일 초판 2쇄 발행
저　 　자_ 김종훈·양영훈·김병수·김승완·김은길·김태훈·현동림
발 행 인_ 박지실
발 행 처_ 다올미디어

주소_ 경기도 고양시 일산서구 고양대로 706-12 205-103
문의전화_ 031-979-5634 **팩스**_ 031-979-5635
홈페이지_ http://www.daallbook.co.kr
출판등록번호_ 제128-92-90071호

ISBN_ 978-89-97587-12-4 [13000]

이 책은 저작권법에 따라 보호받는 저작물이므로 무단전제와 무단복제를 금지하며, 이 책 내용의
전부 또는 일부를 이용하려면 반드시 저작권자와 다올미디어의 서면동의를 받아야 합니다.

※ 잘못된 책은 바꾸어 드립니다. ※ 책 가격은 뒷면에 있습니다.

이 도서의 국립중앙도서관 출판시도서목록(CIP)은 서지정보유통지원시스템 홈페이지(http://seoji.nl.go.kr)와
국가자료공동목록시스템(http://www.nl.go.kr/kolisnet)에서 이용하실 수 있습니다.(CIP제어번호: CIP2013029183)

창의적
융합 인재
교육

스크래치로 배우는
STEAM 교육

김종훈·양영훈·김병수·김승완·김은길·김태훈·현동림 지음

P.r.e.f.a.c.e

창의적 융합 인재의 출발!

창조 경제의 핵심 인재 양성 토대를 마련하기 위해 정부에서는 일부 초중등학생들을 대상으로 소프트웨어 교육을 실시하고 있고 더욱 확대하려는 노력을 기울이고 있다. 정부만이 아니라 삼성, 네이버 등 민간기업, 민간봉사단 등에서도 학생들을 대상으로 소프트웨어 교육을 실시하고 있다.
이와 같은 소프트웨어 교육에서 사용되고 있는 언어가 바로 스크래치이다.
그러나 이러한 대부분의 교육에서는 흥미 중심의 간단한 게임을 제작하는데 그치고 있다. 이러한 내용의 소프트웨어 교육으로서는 창조 경제의 핵심 인재 양성이라는 목표에 도달하기는 쉽지 않아 보인다.

소프트웨어 교육 만큼이나 중요한 교육 이슈로 STEAM 교육(융합인재교육)이 있다. 창의적 융합 인재 양성을 목표로 하는 STEAM 교육은 과학(Science), 기술(Technology), 공학(Engineering), 예술(Arts), 수학(Mathematics) 교과 간의 통합적인 교육 방식을 의미한다.

이런 STEAM 교육을 큰 비용없이 실현하기 위한 최적의 도구로 스크래치를 들 수 있다. 실제로 본 연구팀에서는 스크래치를 이용한 STEAM 교육을 초등학생들을 대상으로 실시하여 교육적 효과가 있음을 확인하였다.

이 책은 본 연구팀의 스크래치를 이용한 STEAM 교육 경험을 통해 개발된 것으로, 스크래치, STEAM 교육 등에 관심이 있는 학생, 교사와 교수, 연구자 등 많은 분들께 유용하리라 확신한다.

독자를 위한 카페(http://cafe.naver.com/softwareeducation)를 통해 소스 등 다양한 자료를 이용할 수 있고 조금이라도 궁금한 내용에 대한 질의를 하면 신속하게 응답을 받을 수 있다.

이 책이 여러 독자분들과 만날 수 있도록 기회와 도움을 주신 다올미디어 대표님과 임직원분들께 감사를 전한다.

부디 독자분들께서는 이 책을 통해 창의적 융합 인재의 토대를 마련하시기를 기원한다.

2015년 9월
저자 일동

C.o.n.t.e.n.t.s

Chapter 01
스크래치와 STEAM 교육

Section 01 스크래치 / 10
Section 02 STEAM 교육과 스크래치 / 11
Section 03 스크래치 시작하기 / 13

Chapter 02
다각형 그리기

Section 01 정삼각형 그리기 / 16
Section 02 정사각형, 정오각형 그리기 / 21
Section 03 직선을 이용한 그림 그리기 / 24
실전과제 라인디자인 스크립트 수정하기 / 31

Chapter 03
그래프 그리기

Section 01 데이터 입력 받기 / 34
Section 02 띠그래프 그리기 / 38
Section 03 원그래프 그리기 / 41
Section 04 완성된 프로젝트 확인하기 / 44
실전과제 비율의 크기를 나타내는 보조선 그리기 / 45

Chapter 04
이자 계산하기

Section 01 백분율 구하기 / 48
Section 02 단리 방법으로 이자 계산하기 / 50
Section 03 복리 방법으로 이자 계산하기 / 54
실전과제 단리와 복리 비교하기 / 57

Chapter 05
비와 비율

Section 01 버튼 만들기 / 60
Section 02 주사위 움직이기 / 62
Section 03 주사위 모양 비교하기 / 65
Section 04 비와 비율 계산하기 / 66

Chapter 06
구슬 선택 확률 시뮬레이션

Section 01 확률 이해하기 / 70
Section 02 구슬 선택 확률 시뮬레이션 구현하기 / 71
실전과제 시뮬레이션 검증 횟수 추가 프로그램 작성하기 / 73

Chapter 07
소수 판별하기

Section 01 에라토스테네스의 체 / 76
Section 02 개선한 에라토스테네스의 체 / 80
실전과제 입력한 수 소수 판별하기 / 83

Chapter 08
피보나치 수열

Section 01 피보나치 나선 그리기 / 88
실전과제 피보나치 나선 변형하기 / 93

Chapter 09
전기요금 계산하기

Section 01 가전제품의 소비전력과 전력량 구하기 / 96
Section 02 전기요금 계산하기 / 99
Section 03 완성된 프로그램 확인하기 / 107
실전과제 우리 집 전기요금 예상해보기 / 108

Chapter 10
지진 모니터 프로그램

Section 01 지진 발생 지역 좌표 입력하기 / 111
Section 02 지진 발생 지역 세계 지도에 표시하기 / 113

Chapter 11
빛의 직진과 반사의 성질을 이용한 게임

Section 01 빛의 직진과 지나간 흔적 그리기 / 120
Section 02 빛의 반사 구현하기 / 124
실전과제 게임 미션 완성하기 / 127

Chapter 12
멘델의 유전법칙

Section 01 콩 디자인하기 / 131
Section 02 유전법칙 적용하기 / 135
Section 03 시뮬레이션 / 140
실전과제 실제 RR+Rr : rr 의 비율은 어떻게 될까?
RR : Rr : rr 의 비율은 어떻게 될까? / 141

Chapter 13
세포분열

Section 01 세포분열 / 144
Section 02 시뮬레이션 / 149
실전과제 '복제' 가 아닌 펜 블록 이용하여 구현하기 / 150

Chapter 14
태양의 고도와 그림자의 길이

Section 01 물체의 그림자 그리기 / 152
Section 02 그림자의 길이, 태양의 고도 계산하기 / 157

Chapter 15
에너지의 변환

Section 01 에너지의 변환 과정 이해하기 / 162
Section 02 에너지의 변환 과정 구현하기 / 163
실전과제 정교한 공의 움직임 표현하기 / 166

Chapter 16
미사일 발사 게임 (1)

Section 01 날아가는 미사일 만들기 / 168
Section 02 미사일의 흔적 남기기 / 170
Section 03 날아가는 동안 자세 바꾸기 / 172
Section 04 값을 입력 받아 날아가기 / 174

Chapter 17
미사일 발사 게임 (2)

Section 01 발사 각도 입력 받기 / 180
Section 02 발사 에너지 입력 받기 / 183
Section 03 비행하기 / 187

Chapter 18
미사일 발사 게임 (3)

Section 01 움직이는 표적 격추하기 / 190

실전과제 풀이 / 203
색인 / 220

I.n.f.o.r.m.a.t.i.o.n

■ 자료실 이용 안내 : 이 책의 예제 소스파일에 포함된 사용예제와 완성예제는 다올미디어 홈페이지 (www.daallbook.co.kr)에서 다운로드 받을 수 있습니다.

① 인터넷 익스플로러를 실행시키고 다올미디어 홈페이지(www.daallbook.co.kr)로 이동합니다.
② 로그인을 한 후 상단 메뉴에서 [자료실]을 클릭합니다.

③ 왼쪽 메뉴에서 [부록 CD]를 클릭합니다.
④ 목록에서 책 제목에 해당되는 내용을 클릭하고 첨부 파일을 클릭하거나 를 클릭하여 파일을 다운로드 합니다.

CHAPTER

01

스크래치와 STEAM 교육

SECTION 01 스크래치

컴퓨터를 접해본 사람이라면 프로그래밍(programming)이라는 말을 들어 보았을 것이다. 그리고 그들 대부분은 프로그래밍이라고 하면 어려운 명령어와 기호로 이루어진 난해하고 특별히 교육받은 사람들만 하는 것으로 생각한다. 하지만 컴퓨터 과학에서 바라보는 프로그래밍은 어떤 특별한 사람들만 하는 것도 아니고 프로그래밍 언어 자체에 집중해서 어려운 명령어와 문법 규칙만 가르치는 것도 아니다. 그 보다 프로그래밍을 배우면서 얻게 되는 체계적이고 고차원적인 사고 과정에 목적을 두고 있다. 그렇게 도구적인 가치보다는 본질적인 사고 과정에 비중을 두다 보니 최근에 들어서는 누구나 쉽게 프로그래밍을 배울 수 있도록 교육용 프로그래밍 언어 (Educational Programming Language)들이 개발, 보급되고 있다. 그 중에서 가장 많이 활용되고 있는 것이 스크래치(Scratch)이다.

스크래치의 아이디어는 2003년 Mitch Resnick등에 의해 발표되었고, 미국 국립과학재단의 지원을 받아 MIT 미디어랩의 Lifelong Kindergarten Group 주도의 개발 과정을 거쳐 2007년 1월 정신버전인 스크래치 1.0이 발표 되었다. 이후 몇 번의 버전업을 통해 기능들이 개선되었고, 2013년 5월 9일 웹 기반의 2.0 버전이 발표 되었다. 최근에는 오프라인에서도 이용할 수 있도록 오프라인용 2.0 베타버전이 발표되기도 하였다. 이러한 개선 과정이 의미 있는 것은 교육용 프로그래밍 언어들이 공통적으로 가지는 한계를 극복했다는 점이다. 태생적으로 쉽게 이해하고 접근할 수 있는데 목적을 두고 개발하다 보니 알고리즘과 같은 프로그래밍적 요소가 많이 배제되거나 구현하기 어려운 점이 많았다. 하지만 최근 2.0 버전에는 프로시저(procedures), 재귀(recursion), 객체 복제(cloning)같은 프로그래밍적 요소를 지원하면서 기존의 프로그래밍 언어에서와 같이 다양한 프로젝트를 구현할 수 있게 되었다. 이를 통해 교육용 프로그래밍 언어에서 스크래치가 가지는 가치와 위치를 더욱 더 확고히 하고 있다.

스크래치는 프로그래밍을 처음 접하는 사용자가 쉽게 접근할 수 있도록 다양한 특징을 가지고 있다. 그중 대표적인 것은 다음과 같다.

○ 블록 쌓기 방식

어린 시절 다양한 모양의 블록들을 가지고 놀았던 경험이 있을 것이다. 어떤 모양이나 물건을 만들기 위해 우리는 이리저리로 블록들을 맞춰 끼워보면서 목표했던 것을 만들어 나갔다. 스크래치도 이런 방법을 채택하여 명령어들을 블록형태의 모양으로 고안하였다. 그리하여 프로그래밍도 이런 다양한 명령어 블록들의 조합을 통해 이루어진다. 또한 블록 모양을 자세히 보면 블록 간 연결이 가능한 것과 불가능한 것이 눈에 보이기 때문에 문법적 오류가 없다. 블록의 용어

또한 쉬운 용어를 사용하여 처음 접하는 사용자가 편하게 프로그래밍 할 수 있도록 하였다. 다음은 블록으로 구성된 프로그램 예이다.

○ 멀티미디어 지원

스크래치는 다양한 미디어들을 손쉽게 조작할 수 있다. 프로그래밍을 하면서 이미지, 애니메이션, 음악과 소리 등을 간단한 명령어 블록들로 조작할 수 있게 함으로서 다양하고 재미있는 프로젝트를 만들 수 있다. 그리고 재미있는 그래픽 효과와 이미지 에디터, 녹음 기능을 제공하여 사용자가 프로그래밍 할 때 내용의 풍성함과 다양성을 더해 주고 있다.

○ 공유

스크래치는 공식 웹사이트(http://scratch.mit.edu)를 통해 사용자들이 만든 다양한 프로젝트를 공유할 수 있도록 하고 있다. 이를 통해 다른 사람의 아이디어나 개발에 사용된 원리나 알고리즘을 배울 수 있으며, 때로는 직접 프로젝트를 수정, 보완할 수도 있다. 이러한 공유를 통한 학습의 장을 통해 스크래치로 만든 콘텐츠의 양과 질을 확보하고 있으며, 교육용 프로그래밍 언어로의 스크래치의 가치를 더욱 높이고 있다.

SECTION 02 STEAM 교육과 스크래치

STEAM(Science, Technology, Engineering, Arts & Mathmatics) 교육이란 미국에서 사용하는 STEM 즉 Science, Technology, Engineering, Mathmatics에 예술 Arts를 추가하여 만들어진 용어로서 최근 교육계의 가장 큰 이슈가 되고 있는 '창의적 융합인재 양성'을 위한 교육 방법이다. 창의적 융합형 인재 양성을 위해 교육계가 노력하는 것은 기족 교육 방식의 한계를 인식하고 있기 때문이다. 기존의 지식은 각각 서로 다른 분야로 발전하여 왔기 때문에 서로의 분야를 넘어선 창의력을 발휘하기가 어려웠다. 하지만 최근에 요구되는 창의력은 서로 다른 분야를 하나로 융합하여 새로운 것을 만들어 내는 창의력이다. 그 예로 스마트 폰의 혁명을 선두 한 애플의 아이폰도 그 속에는 과학(Science), 기술(Technology), 공학(Engineering), 수학(Mathmatics)과 더불어 이러한 것들이 잘 어우러지게 만든 예술적 요소 즉 Arts가 함께 하고 있다.

즉 무엇인가를 따로 생각하지 않고 하나로 융합하여 새로운 것을 생각해낼 수 있는 능력 그것이 새로운 시대가 바라는 창의성이며 이러한 창의성을 발휘할 수 있는 인재가 융합형 인재이다. 또한 이러한 인재를 양성하기 위한 교육방법이 바로 STEAM 교육이다.

스크래치는 STEAM 교육을 실현하기 위한 최적의 도구로 인정받고 있으며, 실제로 스크래치를 이용한 STEAM 교육이 다양하게 시도되고 있으며 그 교육적 효과에 대해서도 다음과 같이 밝히고 있다.

첫째, 컴퓨터 프로그래밍은 수학학습에서 학습자의 알고리즘적 사고력을 향상시킨다. 따라서 수학 흥미도를 향상시키기 위해 학습자들이 쉽게 프로그래밍 할 수 있는 스크래치를 이용하여 교육한 결과 수학에 대한 흥미도가 높아졌다고 한다.

둘째, 실제 현장에서 위험성 및 공간의 부족 등으로 실시하지 못하는 과학 실험들을 스크래치를 활용하여 STEAM 교육을 실시한 결과 실험의 위험성을 없애고 쉽게 반복하며 변인을 쉽게 통재할 수 있는 여러 가지 장점으로 인하여 학생들로 하여금 창의성을 증진시키며 과학에 관련된 정의적 영역인 과학 교육에 대한 인식, 흥미, 과학적 태도에 효과적인 변화를 가져 왔다고 한다.

셋째, 스크래치를 활용한 창의적 프로그래밍 학습을 설계하고 해당 학습 활동이 학생들의 창의성 잠재력 및 계산적 사고 능력 발달에 영향을 미친다고 한다. 또한 학습자들의 창의성 잠재력이 증진되었으며, 계산적 사고 능력의 토대가 되는 프로그래밍의 기본 개념과 원리를 습득하였다고 한다.

이와 같이 스크래치는 프로그래밍적 요소를 충족하면서 C와 같은 다른 프로그래밍 언어보다 학습자들에 보다 편리한 인터페이스를 제공함으로서 학생들의 다양한 상상력을 컴퓨터에서 구현해 보도록 한다.

이러한 스크래치의 특징은 공간과 시간의 제약을 줄여 줌으로써 학습자들에게 보다 넓은 시야에서 융합적인 아이디어를 생각하고 실현해 보게 하는 좋은 동반자가 될 수 있다.

스크래치의 개발자들이 기본 개념으로 삼은 모토(Motto)는 Imagine · Program · Share 3가지이다. 즉, 자신이 상상한 아이디어나 세계를 스크래치로 구현하고 그리고 나서 자신의 세계를 공유하라는 것이다. 여러분도 이 책을 통해 살펴본 여러 가지 사례들을 이용해서 자신만의 세계를 구현하고 보다 많은 아이디어를 융합하여 스크래치로 구현하고 공유해 나가기 바란다.

SECTION 03 스크래치 시작하기

다음은 스크래치 공식 웹 사이트인 http://scratch.mit.edu의 첫 화면이다.

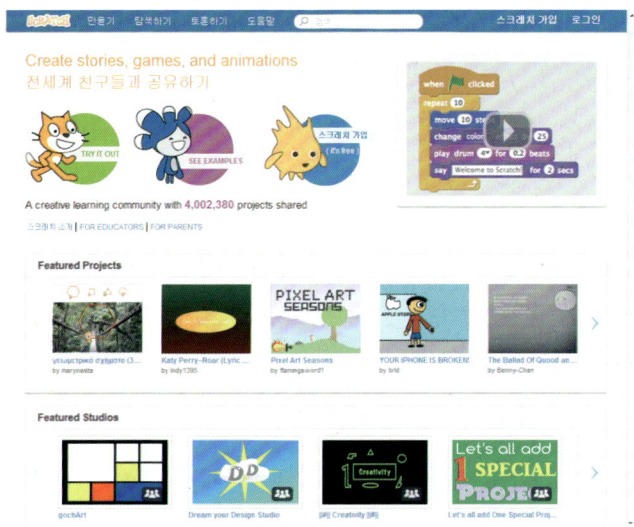

회원 가입 후 로그인하여 [새로 만들기] 버튼을 누르면 다음과 같은 화면이 열리는데, 이 화면에서 프로그램을 작성하면 된다.

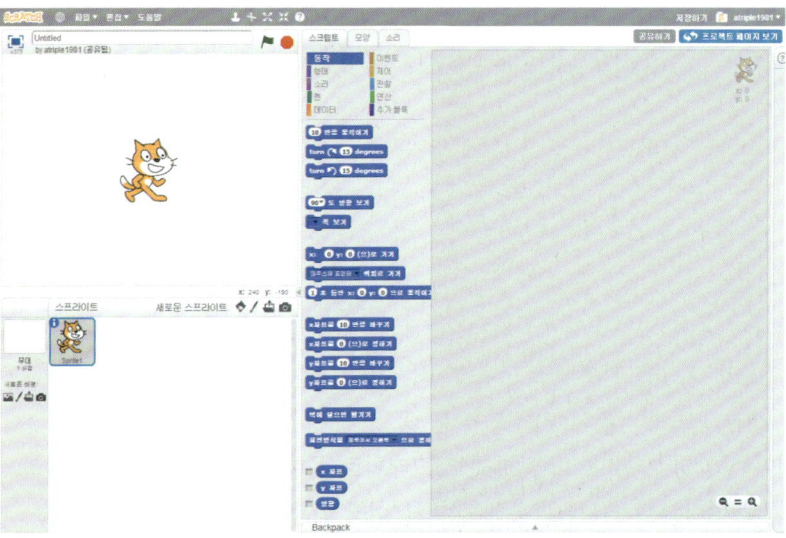

[스크립트] 탭의 ⬤10 만큼 움직이기 블록을 끌어와서 오른쪽에 위치한 '스크립트 영역'에 놓는다.

스크립트 영역으로 가져온 블록을 클릭하면 블록이 실행되는데 고양이가 움직이는 것을 확인할 수 있다. 이처럼 스크래치는 블록을 가져다가 프로그램을 작성하기 때문에 어린이를 비롯한 초보자에게 적합한 프로그래밍 언어로 각광받고 있다.

살펴본 프로그램의 고양이와 같은 것을 '스프라이트'라 하는데 이동, 연산 등 다양한 동작을 수행할 수 있다. 그리고 스크립트 영역으로 가져온 블록을 '스크립트'라 하는데 스프라이트가 어떤 동작을 하는지를 나타내는 것이다.

CHAPTER
02

다각형 그리기

스크래치의 최대 강점 중 하나는 사용자가 원하는 모양의 그림을 그릴 수 있다는 것이다. 아주 단순한 삼각형, 사각형 등의 다각형뿐만 아니라 복잡한 모양의 프랙털(fractal)까지 스크래치 프로그래밍을 통해 어렵지 않게 그릴 수 있다. 스크래치를 통해 다양한 모양의 그림을 그려보자.

SECTION 01 정삼각형 그리기

아주 단순한 삼각형부터 그려보자. 삼각형은 다음과 같은 과정을 통해 그려진다.

① 변 그리기 → ② 회전하기 → ③ 변 그리기 → ④ 회전하기 → ⑤ 변 그리기 → ⑥ 회전하기

삼각형은 세변으로 이루어진 도형이기 때문에 변을 세 번 그려야 하고, 그렇게 하기 위해서는 그 과정 사이에 그리는 방향을 회전시켜야 한다. ⑥번 과정은 없어도 되지만, 원래 위치로 돌아오기 위해서 추가시켰다. 사각형은 단연히 위 과정에서 변 그리기와 회전을 한 번씩 더 추가 시켜주면 된다. 여러 삼각형 중 정삼각형을 그리기 위한 과정을 그림으로 나타내면 아래와 같다.

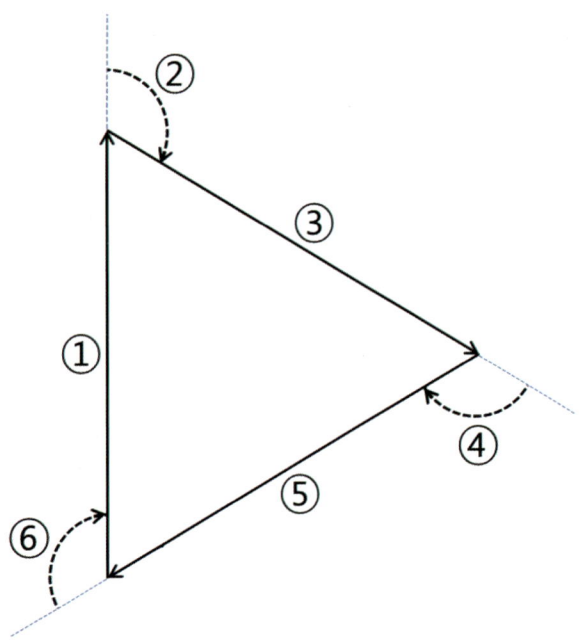

정삼각형 한 내각의 크기는 60도이므로 회전해야하는 각도는 120도(180도-60도, 정삼각형의 한 외각의 크기)이다. 이러한 내용을 바탕으로 프로젝트를 구현해보자.

프로젝트
02_01.sb2

스페이스바 키를 누르면 연필이 마우스를 따라 다니고, 원하는 위치에 마우스를 클릭하면 제자리에 멈춘다. 그리고 나서 키보드의 숫자 3을 누르면 삼각형을 그린다.

01 고양이 모양의 기본 스프라이트를 마우스 오른쪽 버튼을 눌러 삭제한다. 그리고 새로운 스프라이트를 만들기 위해 무대 바로 아래에 있는 [새로운 스프라이트]에서 ◆ 버튼을 누른다.

02 다양한 종류의 스프라이트 모양을 제공하는 [라이브러리] 창이 열리는데, 'Pencil' 모양을 선택한다.

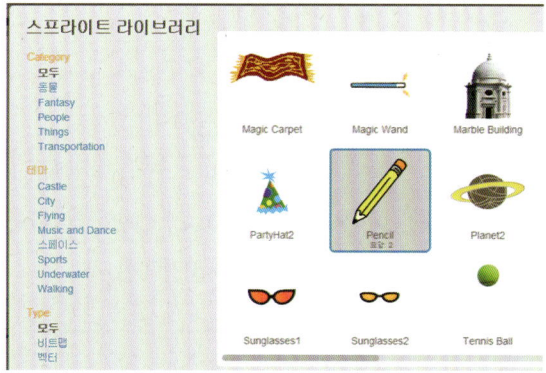

03 연필의 크기가 크기 때문에 적당하게 크기를 줄여보자. [스크립트] 탭 옆에 있는 [모양] 탭으로 이동한 뒤, 마우스를 드래그 하여 선택한다. 그리고 선택상자의 한 꼭짓점을 마우스로 드래그해서 크기를 줄인다.

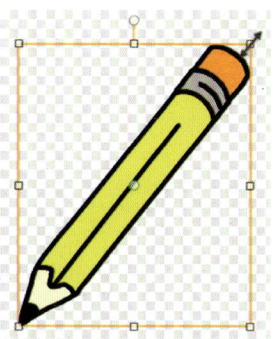

04 줄인 후 반드시 스프라이트 중심 위치를 설정해줘야 한다. 제대로 설정하지 않고 프로젝트를 작성하면 연필 끝이 아닌 다른 곳에서 그림을 그리게 된다. 화면 오른쪽 위에 있는 [모양 중심 설정하기] ⊞ 버튼을 누른 후 연필의 끝을 누르면 모양 중심이 연필 끝으로 설정된다.

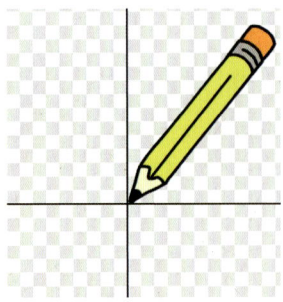

05 스프라이트 회전 방식을 설정하기 위해 스프라이트 왼쪽 상단에 보이는 ⓘ를 클릭한다.

06 회전 방식으로는 360도 회전, 좌우, 고정이 있는데, 연필이 회전하는 것보다는 좌우로만 바뀌는 것이 보기 좋기 때문에 가운데 있는 ↔를 선택한다.

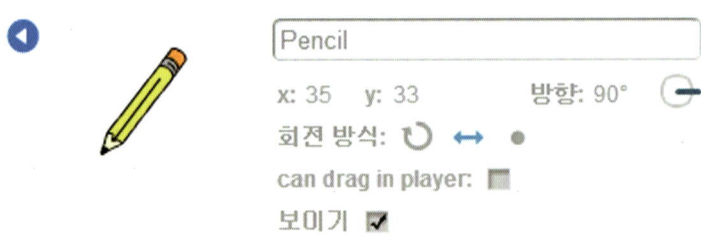

07 스크립트를 작성하기 위해 [스크립트] 탭을 클릭한다. 스페이스바 키를 눌렀을 때, 마우스를 따라다니는 것을 구현하기 위해 [이벤트] 카테고리의 `스페이스 키를 눌렀을 때`를 끌어다 놓는다. 마우스를 클릭할 때까지 마우스를 따라 다니도록 하기 위해 [제어] 카테고리의 `까지 반복하기`와 [관찰] 카테고리의 `마우스를 클릭했는가?`를 사용해서 다음과 같은 스크립트를 작성한다.

08 마우스를 따라가도록 하기 위해 [동작] 카테고리의 `마우스의 포인터 위치로 가기`를 반복문 안에 넣는다. 스페이스바 키와 마우스 클릭을 하면서 제대로 실행되는지 확인한다.

09 삼각형을 그리는 스크립트를 작성해보자. [이벤트] 카테고리의 `스페이스 키를 눌렀을 때` 블록의 풀다운 메뉴를 눌러 '3'을 선택한다. 그리고 그림을 그리기 위해 [펜] 카테고리의 `펜 내리기`을 사용해서 펜을 내린다.

10 변 그리기와 회전을 3번 반복해야 하므로, 100만큼 움직이기와 시계 방향으로 120도 회전하는 동작을 3번 반복하도록 한다. 그리고 그리는 모습을 천천히 볼 수 있도록 블록 사이에 [제어] 카테고리의 `1 초 기다리기` 를 추가한다.

11 삼각형을 그린 후 [펜] 카테고리의 `펜 올리기` 를 이용해서 펜을 올린다.

12 시작 버튼 🏁을 누르면 [펜] 카테고리의 `지우기` 를 이용해서 기존의 그림을 지운다.

SECTION 02 정사각형, 정오각형 그리기

정사각형과 정오각형, 더 나가가서 다른 정다각형을 그리기 위해서는 회전하는 각도에 대해 생각해야 한다.

정삼각형을 그리기 위해서는 정삼각형의 한 외각의 크기인 120도 만큼 회전하였다. 다른 정다각형도 마찬가지로 외각의 크기만큼 회전해 주면 된다. 그러면 정다각형의 외각의 크기를 구하는 공식을 생각해 보자. 외각의 크기는 180도에서 내각의 크기를 빼주면 된다.

[식1] 외각의 크기 = 180도 − 내각의 크기

정n각형이 있다고 하자. 정n각형의 내각은 모두 같기 때문에 내각의 합을 각의 개수인 n으로 나눠주면 된다. 정n각형은 (n−2)개의 삼각형으로 나눌 수 있기 때문에 정n각형의 내각의 합은 (n−2)×180도이다. 그러므로 정n각형의 내각의 크기는 다음과 같다.

[식2] 내각의 크기 = $\dfrac{(n-2)\times 180}{n}$ 도

[식2]를 [식1]에 대입해서 풀어보면, 외각의 크기는 $\dfrac{360}{n}$ 도가 된다.

외각의 크기 = $180 - \dfrac{(n-2)\times 180}{n} = \dfrac{360}{n}$ 도

이 공식을 바탕으로 프로젝트를 작성해 보자.

프로젝트 02_02.sb2

키보드의 숫자 '4'를 누르면 정사각형을 그리고, 숫자 '5'를 누르면 정오각형을 그린다.

01 앞에서 작성한 다음 스크립트의 [3▼ 키를 눌렀을 때]를 마우스 오른쪽 버튼으로 눌러 [복사]를 선택해서 스크립트를 복사한다. 그리고 복사한 스크립트의 '3'을 숫자 '4'로 고친다.

02 정사각형을 그리기 위해서 반복 횟수(4)와 회전값을 변경한다. 회전값은 외각의 크기를 구하는 공식을 사용한다. [연산] 카테고리의 ◯/◯ 를 사용하여 360/4를 작성한다.

03 같은 방법으로 정오각형을 그리는 스크립트를 작성한다.

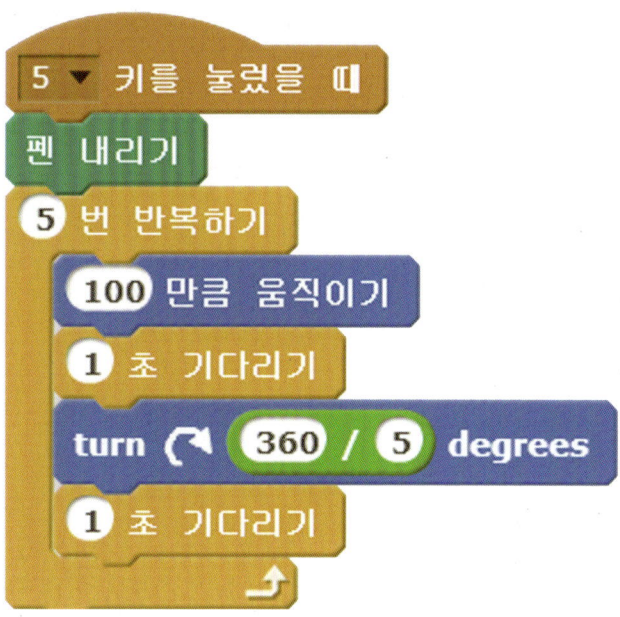

04 프로젝트를 실행하여 정삼각형, 정사각형, 정오각형을 그려보자. 그리고 더 많은 정다각형을 그리는 스크립트를 추가해 보자.

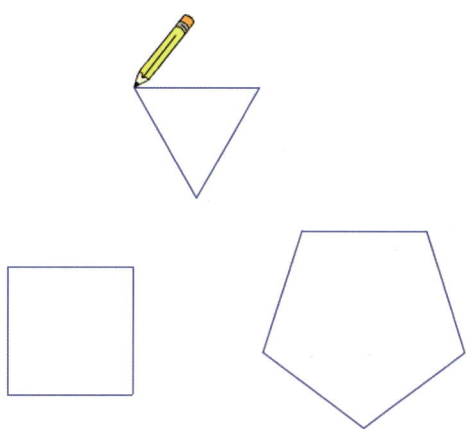

SECTION 03 직선을 이용한 그림 그리기

자와 컴퍼스를 이용해서 창의적인 모양을 그리는 것을 라인디자인(Line Design)이라고 한다. 스크래치에서 라인디자인을 하기 위해서는 스크래치의 좌표를 이해해야 한다. 다음은 스크래치의 좌표를 나타낸다.

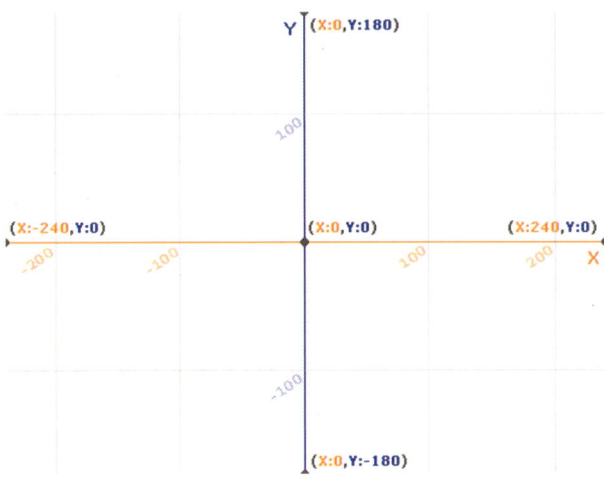

x축은 -240~240, y축은 -180~180이다. 이 좌표축을 사용해서 간단한 라인디자인을 해 보자.

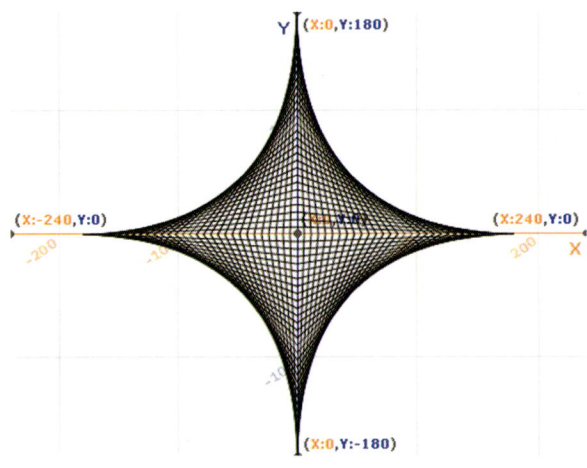

앞의 라인디자인은 직선만을 사용해서 그린 그림이다. 다음 그림과 같이 x축과 y축의 좌표 위치를 달리하면서 직선을 그려주는 방식을 사용해서 그린다. ①번 위치의 선을 모두 그린 후 ②, ③, ④위치에도 같은 방식으로 그리면 된다.

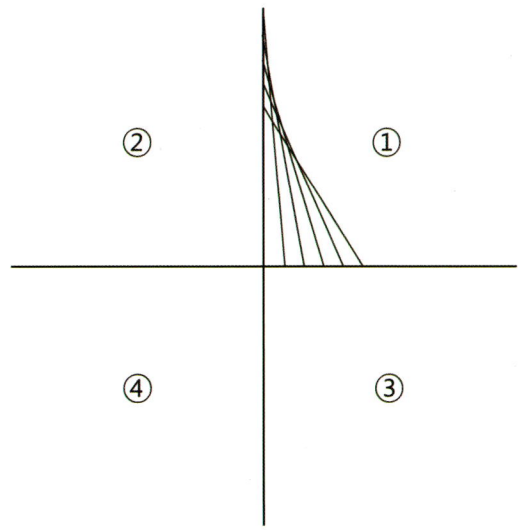

프로젝트

직선을 이용한 라인디자인을 그린다.

01 앞에서 사용한 연필 스프라이트를 사용한다. 프로젝트를 시작할 때 기존 그림을 지운다.

02 좌표가 변화하면서 직선을 그려야 하기 때문에 x축과 y축의 좌표를 나타내는 변수가 필요하다. 그러므로 변수 x와 y를 만든다.

 변수

대부분의 프로젝트에는 데이터를 필요로 한다. 사용자가 프로젝트에 필요한 데이터를 입력하기도 하고 프로젝트 내에서 초기화된 데이터를 적절히 변경해가면서 실행해 나가기도 한다. 이렇게 프로젝트에 데이터를 사용하기 위해서는 데이터를 저장할 공간이 필요한데 이때 사용하는 것이 변수이다.

[데이터] 카테고리의 변수만들기 버튼을 누르면 변수를 생성할 수 있다. 버튼을 누르면 다음과 같은 변수 생성창이 열린다.

생성하고자 하는 변수 이름을 입력하고 [확인] 버튼을 누르면 해당 이름의 변수가 만들어진다. 이렇게 변수가 만들어지면 [변수] 카테고리에 다음과 같은 블록들이 새롭게 만들어진다. 그리고 이 블록들을 사용하여 변수에 값을 저장하거나 값을 증가 또는 감소시킬 수 있다.

03 좌표의 오른쪽 상단인 ①번 위치의 그림부터 그려보자. 연필을 시작 위치인 (0, 0)으로 옮기고 변수 x에 0을, y에 180을 저장한다.

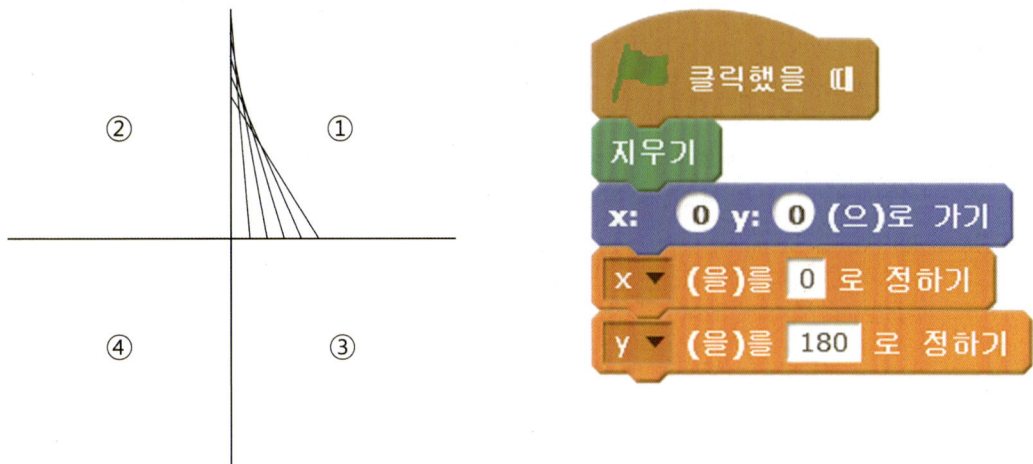

04 각 위치별로 30개의 직선을 그리기 위해 30번 반복하는 구조를 만든다. 그리고 y축의 점에서 x축의 점으로 이동하며 선을 그리기 때문에 y축의 점으로 가서 x축의 점으로 움직이는 동작을 반복 구조 안에 위치시킨다.

05 직선을 그리기 위해서 움직이는 동작 앞과 뒤에 펜 내리기와 올리기를 해 준다.

06 직선을 그릴 때마다 좌표를 이동시켜야 하므로 x축은 '+' 방향으로, y축은 '-' 방향으로 값을 변경해 준다. 30개의 직선을 그려야 하기 때문에 y축의 최대값인 180을 30으로 나눈 6을 변경값으로 한다. 그래서 각 반복마다 x축은 6, y축은 -6만큼 변경해 주면 된다. 따라서 다음 블록들을 반복문 안에 넣어 주어야 한다. 그러면 어느 위치에 넣어야 할지 잠시 생각해 보기 바란다.

07 좌표의 오른쪽 상단을 그리기 위한 직선들을 좌표로 나타내면 다음과 같다.

직선 1: (0, 180) → (6, 0)
직선 2: (0, 174) → (12, 0)
직선 3: (0, 168) → (18, 0)
⋮
직선 30: (0, 6) → (180, 0)

변수 x와 y의 초기값이 0과 180인 것을 생각해 보면 변수 x는 직선을 그리기 전에 미리 바꿔줘야 하고, 변수 y는 직선을 그리고 나서 바꿔줘야 다음 시작점의 위치로 갈 수 있다. 다음과 같이 작성하고 나서 실행해 보기 바란다.

```
클릭했을 때
지우기
x: 0 y: 0 (으)로 가기
x (을)를 0 로 정하기
y (을)를 180 로 정하기
30 번 반복하기
    x: 0 y: y (으)로 가기
    x 를 6 만큼 바꾸기
    펜 내리기
    0.2 초 동안 x: x y: 0 으로 움직이기
    펜 올리기
    y 를 -6 만큼 바꾸기
```

08 이번에는 왼쪽 상단인 ②번 위치의 그림을 그려보자. 앞에서 사용한 블록을 그대로 복사해서 사용하면 된다. 다만 x축 좌표의 이동은 '-'방향이기 때문에 x축의 변경값을 -6으로 해줘야 한다.

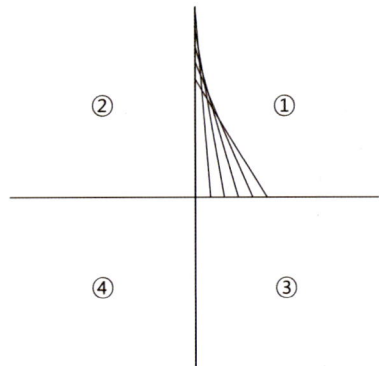

09 동일한 방법으로 ③, ④번의 위치의 그림도 그릴 수 있다. 변수 x와 y의 변경값을 잘 생각해 보기 바란다.

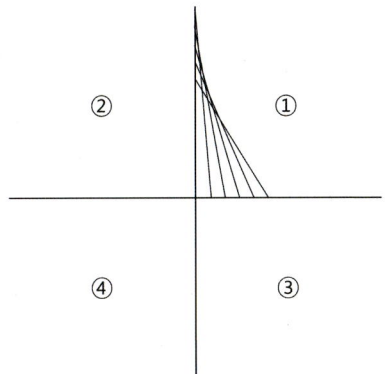

풀이 p. 202

라인디자인 스크립트 수정하기
앞에서 작성한 스크립트를 살펴보면 같은 블록들이 반복되어 사용하고 있다. 그렇다면 스크립트를 더 단순하게 작성할 수 있다는 말이 된다. 변수를 추가하여 스크립트를 간결하게 만들어 보아라.

Memo

CHAPTER
03

그래프 그리기

우리는 정보의 홍수 속에 살고 있다. 이러한 시대에 우리들에게 필요한 능력은 수많은 정보를 잘 수집하고 정리하여 활용하는 것이다. 그래프는 다양한 정보를 한눈에 쉽게 알아볼 수 있도록 나타낼 수 있는 방법이다. 주어진 데이터를 입력받고 정보를 나타내는 그래프를 그리는 데는 주로 엑셀과 같은 프로그램이 사용된다. 하지만 비와 비율에 대해 잘 이해하고 있다면 스크래치를 활용하여 원그래프와 띠그래프로 주어진 자료를 표현할 수 있다. 이번 장에서는 수학의 비와 비율, 통계를 바탕으로 그래프를 그리는 프로젝트를 작성해보자.

SECTION 01 데이터 입력 받기

주어진 자료를 한눈에 알아보기 쉬운 그래프로 나타내기 위해서 필요한 것부터 생각해 보자. 먼저 모두 몇 개의 항목이 있는지 알고 있어야 한다. 그 다음 각 항목이 차지하는 대상의 값(또는 개수)을 알아야 한다. 그리고 각각의 항목이 차지하는 비율로 나타내기 위해서는 모든 항목의 총합을 알아야 하는데 이것은 각 항목의 값의 합을 구하면 된다.

예를 들어 한 학급에서 좋아하는 과일에 대해 조사한 결과를 다음과 같은 표로 나타낼 수 있다.

과일	딸기	포도	배	기타	합계
사람 수	15	10	8	7	40

주어진 자료에서 항목의 수는 4개(딸기, 포도, 배, 기타)이며 각 항목에 해당하는 사람 수는 15, 10, 8, 7이고 모든 항목의 총합이 40임을 알 수 있다. 먼저 항목의 수, 각 항목의 값, 항목의 총합을 입력 받는 프로그램을 작성해보자.

프로젝트

03_01.sb2

그래프를 그리기 위한 데이터를 입력 받는다.

01 비율그래프를 구성한 각 항목의 값을 저장하기 위해서 리스트를 사용한다. [데이터] 카테고리의 리스트 만들기를 사용하여 '데이터'라는 리스트를 만든다. 그리고 '데이터 개수', '인덱스', '합계' 변수를 만든다.

잠깐만! 리스트

리스트란 여러 데이터를 묶어서 하나의 단위로 처리하는 데이터 타입을 말한다. [데이터] 카테고리의 버튼을 누르면 리스트를 생성할 수 있다. 버튼을 누르면 다음과 같은 리스트 생성창이 열린다.

생성하고자 하는 리스트 이름을 입력하고 [확인] 버튼을 누르면 해당 이름의 리스트가 만들어진다. 리스트를 만들 때 모든 스프라이트에서 사용할 것인지, 이 스프라이트에서만 사용할 것인지를 체크하는데 이 스프라이트에서만 사용을 선택하면 다른 스프라이트의 리스트 목록에 나타나지 않기 때문에 사용할 수 없다.

리스트의 속성에는 위치와 아이템이 있다. 위치는 데이터가 저장되어 있는 순서이고 아이템은 저장된 내용 값이다. 위치를 이용하면 리스트의 가장 처음, 마지막 데이터뿐 만 아니라 사용자가 원하는 위치와 임의의 위치의 데이터까지 접근할 수 있다는 장점이 있다.

02 [관찰] 카테고리의 `몇 개의 자료가 있나요? (을)를 묻고 기다리기` 를 사용하여 몇 개의 데이터를 입력 받을 것인지 묻는다. 그리고 대답한 내용을 '데이터 개수' 변수에 저장한다.

```
클릭했을 때
몇 개의 자료가 있나요? (을)를 묻고 기다리기
데이터 개수 ▼ (을)를 대답 로 정하기
```

03 각 항목에 해당하는 실제 데이터를 '데이터 개수' 만큼 입력받는다. 각 항목별로 리스트에 저장되는데 '인덱스' 변수를 이용해서 리스트의 인덱스를 지정할 수 있다.

```
데이터 개수 번 반복하기
  인덱스 ▼ 를 1 만큼 바꾸기
  인덱스 과 번째 자료를 입력하세요 을(를) 결합하기 (을)를 묻고 기다리기
  insert 대답 at 인덱스 of 데이터 ▼
```

04 앞에서 살펴보았듯이 비율그래프를 그리기 위해서는 모든 항목의 총합이 필요하므로 입력받은 데이터를 '합계' 변수에 더한다.

```
데이터 개수 번 반복하기
  인덱스 ▼ 를 1 만큼 바꾸기
  인덱스 과 번째 자료를 입력하세요 을(를) 결합하기 (을)를 묻고 기다리기
  insert 대답 at 인덱스 of 데이터 ▼
  합계 ▼ 를 대답 만큼 바꾸기
```

05 '데이터' 리스트와 '데이터 개수', '인덱스', '합계' 데이터는 프로그램이 실행될 때마다 0으로 초기화되어야 다음 프로그램이 실행될 때 오류가 발생하지 않으므로 `클릭했을 때` 바로 아래에 초기화하는 블록을 추가한다.

06 데이터 입력이 모두 끝나면 그래프를 그려야 한다. '그래프 그리기' 메시지를 방송해서 그래프를 그리도록 지시한다. 드디어 데이터를 입력받는 스크립트가 완성되었다.

메시지 방송하기와 받기

여러 개의 스프라이트들로 이루어진 프로젝트에서 스프라이트들 간에 메시지를 보내고 받으면서 협력하여 동작할 수 있는 기능으로 메시지 방송하기, 받기가 있다. 이런 동작은 다음 코드 블록들을 통해 이루어진다.

`message1 ▼ (을)를 받았을 때`

`message1 ▼ (을)를 방송하기`

`message1 ▼ (을)를 방송하고 기다리기`

`message1 ▼ (을)를 방송하기` 은 모든 스프라이트들에게 메시지를 보내고 다음 동작을 즉시 실행하는 코드 블록이다. 그리고 `message1 ▼ (을)를 방송하고 기다리기` 은 모든 스프라이트들에게 메시지를 보내고 해당 메시지를 받으면 실행되도록 설정된 스크립트의 실행이 완료된 후에 다음 동작을 실행하는 코드 블록이다. `message1 ▼ (을)를 받았을 때` 은 설정한 메시지를 받으면 연결된 블록들이 실행되도록 하는 코드 블록이다.

 **SECTION 02 띠그래프 그리기**

비율그래프는 전체에 대한 각 항목의 크기를 비율로 나타낸 그래프이다. 비율그래프에는 다양한 종류가 있지만 띠 모양으로 나타낸 띠그래프와 원 모양으로 나타내는 원그래프가 대표적이다. 띠그래프를 그리기 위해서는 각 항목에 대한 비율을 구해야 하고 구한 비율에 따라 적당한 크기의 띠 형태로 그려주어야 한다. 앞에서 입력받은 데이터를 띠그래프로 표현해보자.

프로젝트

입력받은 데이터를 띠그래프로 나타낸다.

01 띠그래프를 그리기 위해 세로선 형태의 스프라이트를 만든다. 이 선이 움직여서 띠를 만들게 된다.

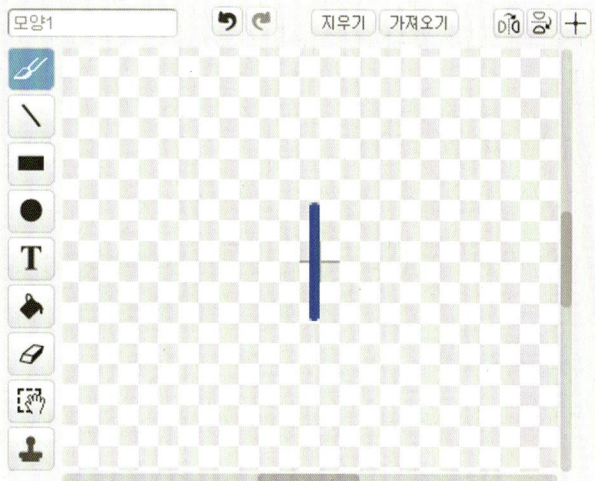

02 띠그래프가 시작할 적당한 위치를 정해줘야 하는데 여기에서는 (-200, -150) 좌표로 지정하였다. 시작 버튼이 클릭되었을 때 스프라이트의 위치를 지정해주면 직전에 프로그램이 실행되었을 때와 상관없이 원위치로 돌아올 수 있게 된다. 데이터가 입력된 리스트를 활용하기 위해서 '띠 인덱스' 변수를 사용하는데 0으로 초기화한다.

03 '그래프 그리기' 메시지를 받으면 우선 '띠 인덱스' 변수를 이용해서 '데이터 개수' 만큼 반복하는 구조를 만든다.

04 각 항목의 값을 받아와서 전체에 대한 항목의 비율을 구해야 한다. 항목의 비율은 '값÷합계×100'이므로 `item 띠 인덱스 of 데이터 / 합계 * 100` 로 나타낼 수 있는데, 1%의 비율을 4픽셀로 그리도록 구해진 값에 4를 곱했다. 스프라이트를 1만큼 움직이면서 도장을 찍는 과정을 반복하면 띠그래프가 그려진다.

05 하지만 이처럼 띠그래프를 그리면 모든 띠가 같은 색상으로 나타나서 항목에 따른 구분이 되지 않는다. 색상을 구분해주기 위해서 색깔효과를 바꾸는 블록을 사용해서 색을 바꿔준다.

 **SECTION 03 원그래프 그리기**

원그래프를 그리기 위해서는 원의 성질을 알고 있어야 한다. 단순히 원을 그리는 것이 아니라 부채꼴 모양을 그려야 하기 때문이다. 이번에는 원그래프로 비율을 나타내 보자.

프로젝트

입력받은 데이터를 원그래프로 나타낸다.

01 원그래프도 앞에서 그린 띠그래프와 마찬가지로 세로선 형태의 스프라이트가 필요하다. 단 세로선을 옆으로 이동시켜 띠를 그리는 방법이 아니라 회전시켜 원을 만들어야 하는 차이점이 있다.

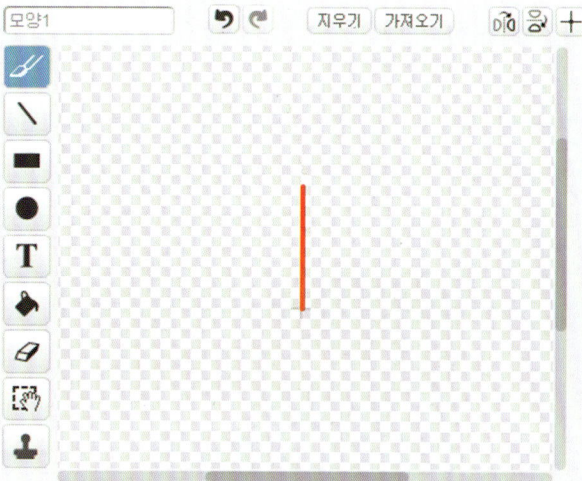

02 이를 위해서 오른쪽 상단에 있는 모양중심 설정하기 버튼 ⊕ 을 이용하여 스프라이트의 모양중심을 바꾸어줘야 한다. 세로선의 아래쪽 끝을 중심으로 회전시키면 원을 그릴 수 있기 때문이다.

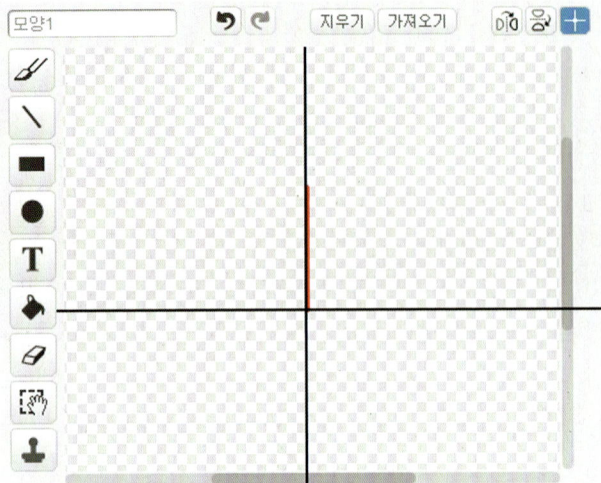

03 원그래프가 그려질 위치를 정해준다. x좌표는 90, y좌표는 30으로 지정한다. 그리고 '원 인덱스'를 0으로 초기화 한다. 데이터가 저장된 리스트의 첫 번째 아이템부터 접근하도록 해주기 때문이다.

띠그래프와는 달리 하나를 또 초기화 시켜주어야 하는데 바로 각도이다. 기본적으로 모든 스프라이트는 90도 방향을 보는데 원그래프를 그리기 위해 회전하다보면 이 방향이 바뀔 수 있다. 따라서 프로그램을 실행할 때 마다 90도 방향을 향하게 한다.

04 '그래프 그리기' 메시지를 받으면 우선 '원 인덱스' 변수를 이용해서 '데이터 개수' 만큼 반복하는 구조를 만든다.

05 각 항목의 값을 받아와서 전체에 대한 항목의 비율을 구해야 한다. 항목의 비율을 구하는 방법은 띠그래프와 동일하기 때문에 `item 원 인덱스 of 데이터 / 합계 * 100` 와 같이 변수 명만 '원 인덱스'로 변경하면 된다. 단, 원그래프의 경우 세로줄을 회전시켜 원을 만들어야 하므로 100%의 비율의 완전한 원을 그리려면 360도를 회전시켜야 한다. 따라서 1%의 비율을 나타내기 위해서는 3.6도가 회전되어야 하므로 구한 값에 3.6을 곱한다.

06 항목별 비율을 구분하기 위해서 색깔효과를 바꾸어주는 블록을 삽입한다.

SECTION 04 완성된 프로젝트 확인하기

완성된 프로젝트가 제대로 동작하는지 확인해 보자. 앞서 제시한 한 학급에서 선호하는 과일을 입력해 보자.

과일	딸기	포도	배	기타	합계
사람 수	15	10	8	7	10

01 시작 버튼을 클릭하면 몇 개의 자료가 있는지 물어보는 대화창이 나온다. 4개의 항목이 있으므로 4를 입력한다.

02 자료의 순서대로 15, 10, 8, 7을 입력한다.

03 원그래프와 띠그래프가 그려졌다. 프로그램 동작을 위한 변수와 리스트의 값을 확인할 수 있다.

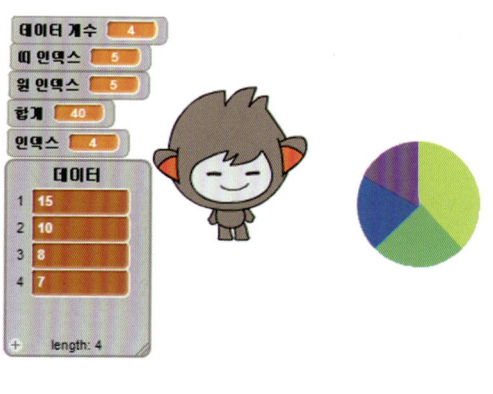

풀이 p. 204

비율의 크기를 나타내는 보조선 그리기
앞에서 작성한 프로젝트에서 각 항목의 비율에 따른 띠그래프와 원그래프를 그렸지만 정확한 수치를 알기는 힘들다. 비율의 크기를 알 수 있는 보조선을 10% 간격으로 그려 비율을 알 수 있는 프로젝트를 작성하여라.

Memo

CHAPTER
04

이자 계산하기

우리 부모님께서는 열심히 일해서 번 돈을 우리 가족이 살아가는데 필요한 여러 가지 일에 사용한다. 그리고 나서 남은 돈의 일정 부분을 은행에 맡겨서 미래를 위한 대비를 한다. 우리들도 마찬가지로 용돈을 모아서 은행에 저축을 하여 나중에 큰돈이 필요할 때를 대비하거나 필요한 물건을 사는데 쓴다.
이렇게 우리들이 은행에 돈을 맡기면 은행은 맡긴 돈에 따라 일정하게 이자를 준다. 이자를 주는 방법에는 단리와 복리 계산방법이 있다. 이 장에서는 단리와 복리의 방법을 알아보고 스크래치로 구현해 보자.

SECTION 01 백분율 구하기

일상생활에서 비율을 자주 접하는데, 특히 100을 기준량으로 했을 때의 비율인 백분율을 많이 접한다. 백분율은 기호로 '%'로 표시하며, 이것을 '퍼센트'라고 읽는다.
예를 들어 50개의 과일 중 20개가 사과이면 과일에 대한 사과의 비율은 0.4가 되고 백분율은 비율에 100을 곱한 40%가 된다.
그러면 이러한 백분율을 계산하는 프로젝트를 구현해보자.

프로젝트   04_01.sb2

물건의 전체 수와 백분율을 구하고자 하는 물건의 수를 입력하면 백분율을 구해준다.

01 전체의 수와 물건의 수를 저장하기 위한 '전체'와 '물건' 변수를 만든다.

02 전체의 수와 물건의 수를 입력 받아 '전체'와 '물건' 변수에 저장한다.

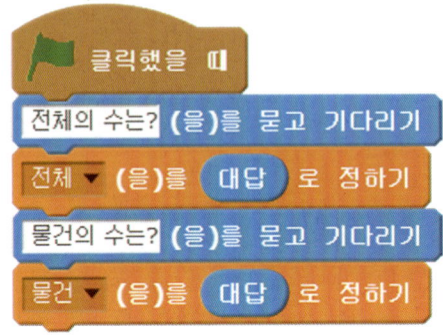

03   백분율은 다음과 같이 물건의 수를 전체 수로 나눈 값에 100을 곱하면 구해진다.

물건 / 전체 * 100

구한 백분율을 출력한다.

04   지금까지 만든 프로젝트가 계산이 잘 되는지 확인해 본다. 계산이 잘 되면 [연산] 카테고리의  블록을 사용해서 백분율을 출력할 때 '%' 기호도 출력되도록 한다.

05   프로젝트가 완성되었다. 실행하여 전체 수 200과 물건의 수 40을 입력하면 백분율 20%가 출력되는 것을 확인할 수 있다.

SECTION 02 단리 방법으로 이자 계산하기

다음 문제를 생각해 보자.

> 과일 200개 중에 20%가 사과이다. 사과의 개수는 몇 개인가?

20%는 비율에 100을 곱한 수이기 때문에 원래의 비율은 0.2이다. 0.2를 전체 과일의 수인 200에 곱한 결과인 40개가 사과의 개수가 된다.
즉, '전체의 수×(백분율÷100)'로 계산하면 해당 물건의 개수를 구할 수 있다.
그럼 이제부터는 은행 이자에 대해 생각해 보자. 먼저 단리 이자 계산방법은 원금에 대한 일정한 비율의 이자만 주는 것이다. 예를 들어 10,000원의 원금이 있고 1년 이자율이 5%이면, 1년 지난 뒤의 이자는 10,000원의 5%인 500원이고, 2년이 지난 뒤에도 똑같이 원금에 대한 이자로 500원 된다. 더 자세히 알아보기 위해 이 같은 상황을 10년 지속했을 때의 원금과 이자를 계산하면 다음 표와 같다.

(원금 10,000원 1년 이자율 5%, 단리 적용)

시간(~년 후)	원금	이자 누적	원금+이자
1	10,000	500	10,500
2	10,000	1,000	11,000
3	10,000	1,500	11,500
4	10,000	2,000	12,000
5	10,000	2,500	12,500
6	10,000	3,000	13,000
7	10,000	3,500	13,500
8	10,000	4,000	14,000
9	10,000	4,500	14,500
10	10,000	5,000	15,000

10년 지난 뒤에 찾게 되는 금액은 15,000원이 된다. 그러면 이것을 스크래치로 구현해 보자.

프로젝트

04_02.sb2

원금과 1년 이자율, 그리고 기간을 입력하면 단리로 기간에 따른 금액의 변화를 구해 준다.

01 원금, 1년 이자율, 기간을 저장하기 위한 '원금', '이자율', '기간' 변수를 만들고, 기간에 따른 금액의 변화를 알아볼 수 있도록 '금액 변화' 리스트를 만든다. 그리고 기간이 지남에 따른 금액의 변화를 보여 주기 위한 '현재 금액' 변수도 만든다.

02 '금액 변화' 리스트가 무대에서 잘 보이도록 크기를 키우고, 스프라이트도 적당한 위치로 옮긴다.

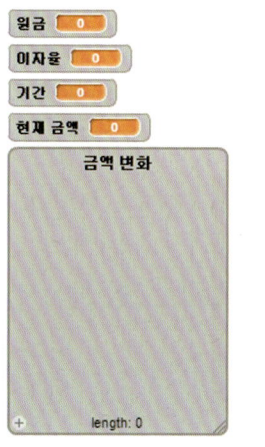

03 원금, 1년 이자율, 기간을 입력 받아 저장하고, '현재 금액'에는 입금 당시에는 이자가 없기 때문에 '원금'에 있는 값을 저장한다. '현재 금액'은 기간이 지나면서 이자가 더해진 금액이 저장된다.

04 '기간' 변수 값에 도달할 때까지 맡겨둔 금액의 변화를 '금액 변화' 리스트에 저장하고, 저장할 때 마다 스프라이트는 '1년 뒤', '2년 뒤', …라는 말을 하게 하려고 한다. 우선 '반복자' 변수를 생성해서 '기간'까지 반복하는 구조를 만든다.

05 '현재 금액'에 이자를 더한다. 이자는 `원금 * 이자율 / 100`에 의해 구해진다. 반복문 안에 내용을 추가한다.

06 계산된 '현재 금액'을 '금액 변화' 리스트에 저장한다.

07 '반복자' 변수를 이용해서 '1년 뒤', '2년 뒤', …와 같이 말하도록 한다.

08 프로젝트를 반복해서 실행시켜 보면 '금액 변화' 리스트의 기존 값이 지워지지 않고 계속해서 추가되는 문제점을 확인할 수 있다. 이런 문제점을 해결하기 위해 시작 부분에서 '금액 변화' 리스트의 모든 아이템을 삭제한다. 다음은 완성된 스크립트이다.

09 드디어 프로젝트가 완성되었다. 실행시켜 보면 '금액 변화' 리스트를 통해 기간별 은행에 맡겨 둔 돈의 변화를 확인할 수 있다.

SECTION 03 복리 방법으로 이자 계산하기

단리의 이자 계산은 원금에 대한 이자만을 생각한다. 이와는 달리 복리는 이자에 대한 이자도 더 해준다. 예를 들어 1,000,000원의 원금이 있고 1년 이자율이 10%이면, 1년 지난 뒤의 이자는 1,000,000원의 10%인 100,000원이다. 여기까지는 단리와 같다. 하지만, 2년이 지난 뒤에는 원금 1,000,000원에 대한 이자를 계산하는 것이 아니라, 원금에 1년 뒤의 이자인 100,000원을 더한 1,100,000원에 대한 이자를 계산한다. 즉 2년 뒤의 이자는 110,000원이 된다. 더 자세히 알아보기 위해 이 같은 상황을 5년 지속했을 때의 원금과 이자를 계산하면 다음 표와 같다.

(원금 1,000,000원 1년 이자율 10%, 복리 적용)

시간(~년 후)	원금	이자 누적	원금+이자
1	1,000,000	100,000	1,100,000
2	1,000,000	210,000	1,210,000
3	1,000,000	331,000	1,331,000
4	1,000,000	464,100	1,464,100
5	1,000,000	610,510	1,610,510

5년 지난 뒤에 찾게 되는 금액은 1,610,510원이 된다. 그런 단리 방법과 비교하면 얼마나 차이가 날까? 단리 계산 방법과 비교하면 다음 표와 같다.

(원금 1,000,000원 1년 이자율 10%)

시간(~년 후)	단리	복리	복리-단리
1	1,100,000	1,100,000	0
2	1,200,000	1,210,000	10,000
3	1,300,000	1,331,000	31,000
4	1,400,000	1,464,100	64,100
5	1,500,000	1,610,510	110,510

이 표를 보면 단리와 복리의 차이는 시간이 지나면 지날수록 더 커진다는 것을 알 수 있다. 그러므로 우리들에게는 복리의 이자 계산 방법이 더 좋다. 그럼 복리의 이자 계산 방법을 스크래치로 구현해 보자.

프로젝트

04_03.sb2

원금과 1년 이자율, 그리고 기간을 입력하면 복리로 기간에 따른 금액의 변화를 구해 준다.

01 복리의 계산 프로젝트도 변수와 블록의 사용은 단리 계산 프로젝트와 크게 다르지 않다. 단지 일부분을 조금만 수정해 주면 되는데 단리 계산 스크립트를 보고 어느 부분을 수정하면 될지 잠시 생각해 보기 바란다.

02 이 프로젝트의 핵심은 '현재 금액'을 구하는 부분이다. 즉, 기간에 따른 '현재 금액'을 구하는 부분을 복리의 계산 방법으로 고쳐주기만 하면 된다.

단리 계산 프로젝트에서 이자는 다음과 같이 항상 원금에 대한 이자율로 계산했다.

(원금 * 이자율 / 100)

하지만, 복리의 이자 계산은 '원금'에 대한 이자가 아니라, 원금에 대한 이자를 더한 '현재 금액'의 이자율을 계산해야 한다. 즉, 다음과 같이 변경해야 한다.

(현재 금액 * 이자율 / 100)

그러면 스크립트를 수정하자.

03 프로젝트를 실행해서 원금 1,000,000원, 이자율 10%, 기간 10년을 입력해보자.

뭔가 이상할 것이다. 이자를 계산하다 보니, 금액이 소수로 나오고 있다. 이 문제는 단리 계산 프로젝트에도 나올 수 있지만 복리 계산에서 더 자주 이런 문제가 발생한다. 그럼 소수가 나오지 않도록 소수 첫째자리에서 반올림해보자.

04 반올림은 '금액 변화' 리스트에 저장할 때 해주면 된다. [연산] 카테고리의 반올림 블록을 사용하여 반올림 된 '현재 금액'을 '금액 변화' 리스트에 저장하면 된다. 다음은 완성된 스크립트이다.

05 드디어 프로젝트가 완성되었다. 다시 원금 1,000,000원, 이자율 10%, 기간 10년을 입력해보면 문제없이 실행되는 것을 확인할 수 있다.

단리와 복리 비교하기

앞에서 본 것처럼 단리와 복리의 계산 방법에 따라 이자 금액의 차이가 큰 것을 알 수 있다. 그럼 같은 원금과 1년 이자율, 기간에 따른 단리와 복리의 차이를 보여주는 프로젝트를 작성하여라.

풀이 p.206

Memo

CHAPTER
05

비와 비율

실험실에서 용액을 만들 때 선생님께서 '소금과 물을 1:5의 비율로 혼합하세요.'라고 말하는 것을 들어 본 적이 있을 것이다. 그리고 음식을 만들기 위하여 조리법을 보다보면 '물과 간장의 양을 1:4로 하세요.'와 같은 표현을 보게 된다. 이처럼 각각의 양을 ':' 기호를 써서 나타내는 것을 비라고 한다. 1:4와 같은 비에서 앞에 오는 수를 '비교하는 양'이라 하고 뒤에 오는 수를 '기준량'이라고 한다.

	① : ④ 비교하는양 기준양
읽는 방법	1대 4
	1과 4의 비
	1의 4에 대한 비
	4에 대한 1의 비

그리고 비를 기준량에 대한 비교하는 양의 크기로 나타낼 수 있는데 이것을 비율이라고 한다. 우리 실생활에서 비율이 쓰이는 대표적인 곳이 야구이다. 야구 TV중계를 보다 보면 타자의 타율을 3할2푼4리 또는 2할7푼5리와 같이 표현해서 알려준다. 우리는 이 타율을 보고 타자의 수준이 어느 정도인지 가늠하게 된다. 타율은 '안타를 친 횟수 : 타석에 들어선 횟수'의 비를 비율로 나타낸 것이다. 이번 장에서는 비와 비율에 대한 프로젝트를 작성해 보자.

SECTION 01 버튼 만들기

대부분의 프로젝트는 [클릭했을 때]를 클릭하여 실행한다. 이번 장에서는 [클릭했을 때]를 사용하지 않고 버튼을 이용하여 프로그램을 실행하는 프로젝트를 만들어 본다.

프로젝트

05_01.sb.2

버튼을 눌러 프로그램을 실행시켜 보자.

01 버튼을 만들기 위하여 스프라이트에서 새로운 스프라이트의 [새 스프라이트 색칠] 버튼을 클릭하여 다음과 같은 두 가지 모양으로 이루어진 'start' 스프라이트를 만든다. 각각의 모양 이름을 start-a와 start-b로 한다.

02 버튼이 클릭되는 모습을 구현해 보자. 버튼이 클릭되면 동작을 해야 하므로 [이벤트] 카테고리의 `이 스프라이트를 클릭했을 때` 를 사용한다. 클릭되는 모습을 보여주기 위해서는 모양을 start-a, start-b, start-a 순으로 바꿔줘야 한다. 이 모양 순서로 [형태] 카테고리의 을 사용하여 모양을 바꾼다. 그리고 0.5초의 시간 기다리고 변하게 하여 자연스러운 모양 변화가 이루어지게 한다. start 버튼을 클릭한 후 프로그램이 실행되도록 하기 위해 '시작' 메시지를 방송한다.

03 앞에서와 유사한 방법으로 결과를 보기 위한 'result' 스프라이트를 만든다. 'result' 스프라이트가 클릭되었을 때 결과를 보여줘야 하므로 '결과' 메시지를 방송한다.

SECTION 02 주사위 움직이기

주사위 2개를 사용해서 비를 구해보도록 하겠다. 먼저 주사위의 모양 변화에 대해 생각해 보자. 주사위가 돌아가다가 임의의 눈이 나오게 하기 위해서는 순차적으로 모양이 바뀌어서는 안 된다. 임의의 순서로 모양이 변해야 하므로 난수를 사용하여야 한다. 그리고 이렇게 만들어진 주사위1과 주사위2는 다음과 같이 동작한다.

- 주사위1: 컴퓨터가 자동으로 임의의 눈으로 정해진다.
- 주사위2: 주사위1의 눈이 정해지면 주사위2의 스프라이트의 모양이 바뀌기 시작하고, 스페이스 바 키를 누르면 주사위2의 눈이 정해진다.

주사위1은 컴퓨터가 던지는 것이고, 주사위2는 사용자가 던지는 것이다. 이렇게 해서 사용자가 던지는 주사위의 눈과 컴퓨터가 던진 눈이 일치하는 비를 구해보도록 하겠다. 이때 시도한 횟수가 기준량이 되며 주사위의 눈이 같은 횟수가 비교 하는 양이 된다. 비로 나타내면 다음과 같다.

> 눈이 같은 횟수 : 시도한 횟수

프로젝트

두 개의 주사위가 돌아가는 모양을 만들고 임의의 눈이 나타나게 만들어 보자.

01 주사위를 움직이게 하기 위해서는 주사위의 눈이 하나에서 여섯까지 변해야 한다. 이를 위해 주사위 눈이 하나인 것부터 여섯 개인 것 까지 여섯 개의 모양으로 이루어진 '주사위' 스프라이트를 만든다. 그리고 각각의 모양이름을 모양1에서 모양6으로 한다.

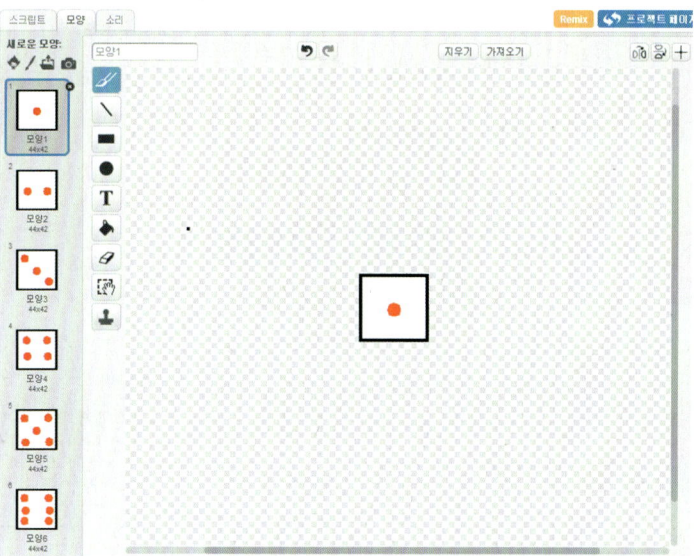

02 주사위를 2개 사용해야 하므로 '주사위1' 스프라이트를 복사해서 '주사위2' 스프라이트를 만든다.

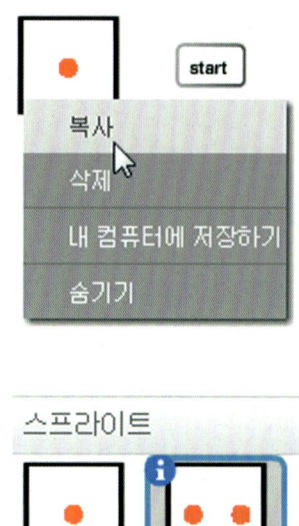

Chapter 05 비와 비율

03 '주사위1' 스프라이트로 이동해서 '시작' 메시지를 받으면 0.05초 간격으로 다음 모양으로 변경하는 동작을 20번 반복하도록 한다.

04 1부터 6까지의 난수를 'select' 변수에 저장한다. 그리고 `모양 과 select 을(를) 결합하기` 모양으로 주사위 모양을 바꾸고자 하는데, 'select' 값이 1이면 `모양 과 select 을(를) 결합하기` 은 '모양1'이 되고, 2이면 '모양2', 3이면 '모양3', …이 되어 해당 모양으로 변경된다. 그리고 '주사위1 정해짐' 메시지를 방송한다.

05 '주사위2' 스프라이트로 이동해서 '주사위1 정해짐' 메시지를 받으면 동작하는 스크립트를 작성한다. 우선 '멈추려면 스페이스바를 누르세요.'를 안내하고, 스페이스바 키를 누를 때 까지 0.05초 간격으로 '주사위2' 모양이 무작위로 변경되게 한다.

SECTION 03 주사위 모양 비교하기

'주사위1'과 '주사위2' 모양을 비교하고 같은지 다른지 판단해보자. 또한 다시 시도할 것인가를 물어 보고 멈춘다는 의사 표시를 할 때까지 계속해서 '주사위1'의 모양과 '주사위2'의 모양을 비교하도록 한다. 그리고 멈추었을 때 '주사위1'의 모양과 '주사위2'의 모양을 몇 번 비교했는지 그리고 시도한 횟수 중에 몇 번 맞았는지를 알아보는 프로젝트를 만들어 보자.

프로젝트

주사위1과 주사위2 모양의 스프라이트 모양이 같은지 비교하여 보자.

01 주사위 모양이 같은지를 몇 번 비교하였는지 알아보기 위한 변수 'a'와 맞은 횟수를 알아보기 위한 변수 'b'를 만든다. 스페이스바 키를 누른 횟수가 비교한 횟수가 되므로 스페이스바 키를 누를 때마다 'a' 값을 1 증가시킨다.

02 'select'는 주사위1의 모양을 결정하는 변수이고, 'select1'은 주사위2의 모양을 결정하는 변수이다. 이 두 변수 값이 같은지를 비교해서 같으면 변수 'b'의 값을 1 증가시키고 '맞습니다.'를 말하고, 같지 않으면 '틀렸습니다.'를 말한다.

03 모양 비교를 마친 후 계속할지를 묻는다. 'yes'를 답하면 '주사위1 정해짐' 메시지를 방송하여 계속 진행되게 하고, 'no'를 답하면 모든 동작을 멈춘다.

SECTION 04 비와 비율 계산하기

'1:4'와 같은 비는 다음과 같이 다양한 방법으로 표현이 가능한데, 주사위 비교 횟수를 비와 비의 다양한 표현으로 출력되도록 구현해보자.

비	분수	소수	백분율
1 : 4	$\frac{1}{4}$	0.25	25%
비교하는 양 : 기준 양	$\frac{비교하는 양}{기준 양}$	비교하는 양 ÷ 기준 양	$\frac{비교하는 양}{기준 양} \times 100$

프로젝트

두 개의 주사위가 같은 그림이 나오게 하기 위하여 시도한 횟수에 대한 두 주사위의 모양이 같은 것이 나왔을 때의 횟수를 비와 비의 다양한 표현으로 알아보자.

01 두 개의 주사위 모양이 같은지를 비교한 횟수가 기준양이 되는데 변수 'a'에 저장되어 있다. 그리고 비교한 횟수 중 모양이 같은 횟수가 비교하는 양이 되는데 변수 'b'에 저장되어 있다. 이때 'result' 버튼을 클릭하면 'Girl1' 스프라이트에서 비와 비에 대한 다양한 표현을 하도록 구현해보자.

02 'Girl1' 스프라이트로 이동해서 '결과' 메시지를 받으면 몇 번 중 몇 번 맞추었는지를 말하는 스크립트를 작성한다.

03 '비교하는양 : 기준양' 표현과 분수 표현을 말한다.

04 비의 값을 소수로 표현하기 위해서 'b'를 'a'로 나눈 값을 'c'에 저장한 후 'c'를 말한다.

05 프로젝트를 실행하고 나면 각각의 변수에 저장되었던 값들이 남아 있게 된다. 따라서 'start' 버튼이 클릭될 때 마다 모든 변수를 0으로 초기화하는 스크립트를 추가한다. 완성된 프로젝트를 실행시켜 보기 바란다.

CHAPTER 06

구슬 선택 확률 시뮬레이션

안을 볼 수 없는 주머니 안에 빨강 구슬 5개, 파랑 구슬 3개, 노랑 구슬 2개가 들어있다. 주머니에서 구슬을 꺼낼 때 어떤 색이 가장 많이 나올 것이라 생각하는가? 확률적으로 생각하면 빨강 구슬이 많기 때문에 대부분의 사람들이 빨강 구슬이라고 답할 것이다. 이번 장에서는 구슬 선택 횟수에 따라 실제 선택되어진 구슬 색깔이 확률과 비슷해지는지 시뮬레이션 프로그램을 스크래치로 구현해보자. 단, 꺼낸 구슬은 다시 주머니에 넣는다고 가정한다.

SECTION 01 **확률 이해하기**

다음 그림을 통해 확률의 뜻을 살펴보자.

그림에서 구슬 1개씩 꺼낼 때 모든 구슬을 꺼내기 위해서는 10번 구슬을 꺼내야 한다. 이를 경우의 수라고 부르는데 어떤 일이 일어날 수 있는 경우의 가짓수를 말한다.

하지만 제일 처음 구슬을 꺼낼 때 ①번 구슬을 꺼낼 수 있는 가능성은 얼마일까? 이를 비율로 나타낸 것이 확률이다. 즉 모든 경우의 수에 대한 어떤 사건이 일어날 경우의 수의 비율을 말한다. 위 그림에서 ①번 구슬을 꺼낼 수 있는 경우의 수는 1이다. 그리고 구슬을 꺼낼 수 있는 경우의 수는 10이다. 따라서 식으로 나타내면 다음과 같다.

$$\frac{\text{어떤 사건이 일어날 경우의 수}}{\text{모든 경우의 수}} = \frac{\text{①번 구슬을 꺼낼 수 있는 경우의 수}}{\text{구슬을 꺼낼 수 있는 모든 경우의 수}} = \frac{1}{10}$$

그럼 구슬을 뽑을 때 빨간 구슬을 뽑을 수 있는 확률은 얼마일까? 빨강 구슬은 5개이므로 꺼낼 수 있는 경우의 수 역시 5가 된다. 따라서 확률은 $\frac{1}{2}$이다. 파랑 구슬과 노랑 구슬의 확률은 각각 생각해보기 바란다.

하지만 사람이 실제로 구슬을 100번 뽑을 때 빨강 구슬만 100번 뽑을 가능성도 있다. 확률은 수학적인 계산으로 가능성을 따지는 것이므로 실제 상황과 다를 수 있기 때문이다. 이 장에서는 스크래치로 수많은 구슬 뽑기로 확률의 타당성을 검증하는 시뮬레이션 프로그램을 만들어보자.

SECTION 02 구슬 선택 확률 시뮬레이션 구현하기

스크래치로 구슬 뽑기를 무수히 많이 시도해서 수학적인 구슬 뽑기 확률과 실제 뽑히는 횟수를 비교해보는 시뮬레이션 프로그램을 만들어보자. 빨강 구슬은 5개, 파랑 구슬은 3개, 노랑 구슬은 2개 있다고 가정하고 사용자로부터 구슬 뽑기를 시도할 횟수를 입력받아 동작하는 프로그램으로 완성해보자.

프로젝트   06_01.sb2

구슬 뽑기를 통해 확률의 타당성을 검증한다.

01 스프라이트 창에서 고양이 스프라이트를 선택한 후 다음과 같은 스크립트를 작성한다.
'빨강구슬', '파랑구슬', '노랑구슬' 이름의 변수를 만들고 시작 버튼을 클릭했을 때 0을 저장한다. 이 변수들은 시뮬레이션 결과 각각 몇 번 선택되었는지를 저장되는 변수이다. 구슬을 몇 번 선택할 것인지 묻고 기다린다.

사용자가 물음에 대해 답한 내용은 [관찰] 카테고리의 이란 변수에 저장된다. 그리고 사용자가 입력한 숫자만큼 반복하여 반복 블록 안의 스크립트를 실행하게 된다. 바로 이 부분에 구슬을 선택하는 스크립트 블록을 작성하면 시뮬레이션 프로그램이 완성된다.

02 '구슬번호' 변수를 만들고 1부터 10까지의 난수를 저장한다.

03 ①~⑤번 구슬을 빨강, ⑥~⑧번 구슬을 파랑, ⑨~⑩번 구슬을 노랑이라고 할 때, '구슬번호' 값에 따라 해당 색상의 구슬 변수 값을 1 증가시킨다. 이런 동작을 '대답'만큼 반복하게 된다. 간단하게 프로젝트가 완성되었으니 구슬 선택 횟수와 확률과의 관계를 생각해보기 바란다.

실전과제

시뮬레이션 검증 횟수 추가 프로그램 작성하기

이번 장에서 작성한 스크립트를 실행하면 사용자가 입력한 선택 횟수대로 1번 실행하고 종료된다. 시뮬레이션 프로그램의 신뢰도를 높이려면 1번이 아닌 여러 차례 검증해야 한다. 따라서 구슬 선택 횟수뿐만 아니라 검증 횟수도 사용자에게 입력받아 여러 차례 검증하는 프로그램을 작성해보자. 리스트를 활용하여 다음과 같은 순서대로 프로그램이 실행되어 출력되는 프로젝트를 작성하여라.

풀이 p.207

실행단계	실행화면	설명
1	구슬 선택을 몇 번 하겠습니까?	1회 검증할 때 구슬 선택 횟수를 사용자에게 입력받는다. 단, 리스트는 값이 저장되지 않은 상태여야 한다.
2	몇 차까지 검증하겠습니까?	같은 구슬 선택 횟수로 몇 차까지 검증할 것인지 사용자에게 입력받는다.
3	빨강구슬: 48, 43, 43, 49, 53 파랑구슬: 32, 39, 35, 36, 25 노랑구슬: 20, 18, 22, 15, 22	각각의 검증 회차 별로 구슬이 선택된 횟수가 리스트에 출력되어 프로그램이 종료된다.

Chapter 06 구슬 선택 확률 시뮬레이션

Memo

CHAPTER 07

소수 판별하기

1보다 큰 자연수 중에서 1과 자기 자신만을 약수로 가지는 수를 '소수(素數)'라고 한다. 즉, 2, 3, 5, 7, 11, 13, … 등은 모두 소수이다. 소수는 영어로 'prime number'라고 하는데, 이것은 소수가 기본이 되는 수이기 때문이다. 왜냐하면 소수 이외의 자연수인 합성수들(4, 6, 8, 9, 10, 12, …)은 모두 소수의 곱으로 나타낼 수 있기 때문이다. 예를 들면 다음과 같다.

$$4=2\times 2,\ 6=2\times 3,\ 24=2^3\times 3,\ 360=2^3\times 3^2\times 5$$

이처럼 합성수를 소수만의 곱으로 나타낼 수 있는데, 이것을 소인수분해라고 한다.

이러한 소수는 수학 이론이나 증명, 그리고 컴퓨터 기술에 많이 활용되고 있다. 그럼 이번 장에서는 소수를 판별하는 프로젝트를 만들어 보자.

SECTION 01 에라토스테네스의 체

소수를 찾는 방법으로 유명한 것은 '에라토스테네스의 체'라는 것이 있다. 우리가 곡식이나 모래 같은 가루들을 크기에 따라 선별하여 걸러내듯이 이 방법 또한 자연수 중에서 소수들만 선별해서 찾아내는 방법이다. 2부터 20까지의 자연수 중에서 에라토스테네스의 체를 사용해서 소수를 찾아보자.

먼저, 가장 작은 수인 2를 선택하고, 2를 제외한 2의 배수들을 지운다. 2의 배수들은 2를 약수로 가지고 있기 때문에 소수가 아니다.

　　　　② 　3 　~~4~~ 　5 　~~6~~
　　　　7 　~~8~~ 　9 　~~10~~ 　11
　　　　~~12~~ 　13 　~~14~~ 　15 　~~16~~
　　　　17 　~~18~~ 　19 　~~20~~

다음은 남아있는 수들 중에서 2를 제외한 가장 작은 수인 3을 선택하고, 3의 배수들을 지운다.

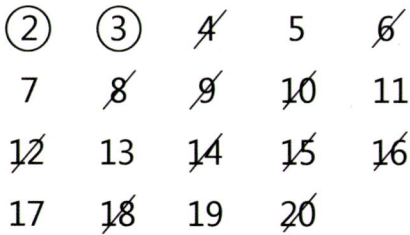

이후에도 남아있는 수들 중에서 이전에 선택한 수를 제외하고 가장 작은 수를 선택한 뒤, 선택한 수의 배수들을 지워나간다. 그런 과정을 계속 반복한 후, 더 이상 선택할 수가 없으면 작업을 마친다.

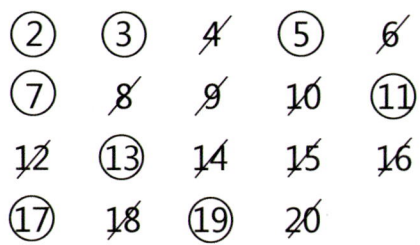

이렇게 하면 2부터 20까지의 자연수 중에서 소수인 2, 3, 5, 7, 11, 13, 17, 19만 남게 된다.

프로젝트 07_01.sb2

숫자를 입력 받고, 2부터 입력 받은 숫자까지 소수를 찾는다.

01 '소수 판별리스트'라는 리스트를 만들고 리스트의 크기를 키워 다음과 같이 배치한다.

추가적으로 입력 받는 숫자를 저장하기 위한 '숫자', 체를 걸러내기 위한 기준 값인 '선택 값', 그리고 선택 값의 배수를 구하기 위한 '곱하는 수'라는 변수를 만든다.

02 프로젝트를 새로 시작할 때마다 리스트를 초기화해야 한다. [데이터] 카테고리의 `delete 모두▼ of 소수 판별리스트▼` 를 사용해서 기존의 리스트를 초기화 해 준다. 그리고 찾고자 하는 숫자의 범위를 입력받고, '숫자' 변수에 저장한다.

03 입력 받은 숫자만큼 반복문을 통해 '소수'라는 글자를 리스트에 추가한다. 다음 그림은 20을 입력했을 때의 결과이다.

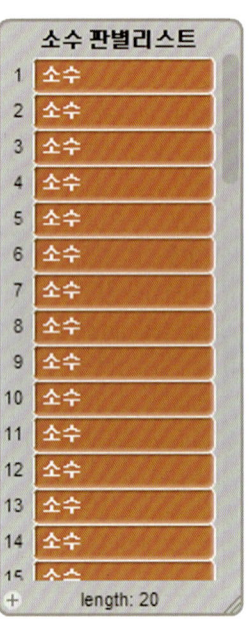

'소수 판별리스트'를 보면 왼쪽에는 인덱스 번호, 그리고 오른쪽에는 '소수'가 위치한다. 이 프로젝트는 인덱스 번호의 숫자가 소수인지 아닌지를 판별하는 것이다. 프로젝트를 실행시키고 나면 소수의 인덱스 번호 오른쪽에는 '소수', 소수가 아닌 인덱스 번호 오른쪽에는 ' ' 빈공백이 들어간다.

일단 이 프로젝트는 모든 수를 '소수'라고 먼저 초기화해 주고 난 뒤, 소수가 아닌 수를 제외하는 방식으로 작성하였다.

04 1은 소수가 아니기 때문에 리스트의 1번에는 ' '을 넣는다. 에라토스테네스의 체는 2부터 시작하기 때문에 선택 값은 2로, 그리고 배수를 구하기 위한 곱하는 수는 2로 초기화한다.

05 이제부터는 소수가 아닌 수를 제외시켜야 한다. 선택 값의 배수들을 차례로 제외하면 된다. `선택값 * 곱하는 수`를 사용하여 곱하는 수를 1씩 증가시키면서 제외하면 되는데, 이 결과가 숫자의 범위를 넘어가면 멈추면 된다. 이것을 스크립트로 작성하면 다음과 같다.

06 선택 값에 대한 배수들을 다 제외시키면, 선택 값을 바꿔주고 같은 작업을 반복해야 한다. 그래서 선택 값은 1만큼 증가시키고, 곱하는 수 또한 2로 되돌려주어야 한다. 그리고 이것들을 반복문으로 묶어주면 된다. 다음은 완성된 스크립트와 20을 입력했을 때의 결과이다.

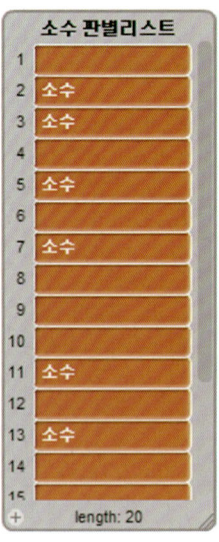

SECTION 02 개선한 에라토스테네스의 체

앞에서 작성한 스크립트를 유심히 살펴보자. 뭔가 부족한 점이 보이는가? 그렇다. 소수가 아닌 수를 제외시키는 과정에서 불필요한 연산을 하고 있다. 예를 들어서 에라토스테네스의 체에서는 선택 값이 될 수 없는 4(2×2에서 제외)에 대해서도 선택 값이 되어 연산을 하고 있는 것을 볼 수 있다. 물론 결과는 소수를 판별해서 찾아 주고 있지만, 불필요한 연산 때문에 속도가 늦어지고 있다. 입력하는 숫자가 작으면 상관없을지 몰라도 입력하는 값이 커지면 이것은 큰 문제가 될 수 있다. 또한 에라토스테네스의 체를 정확하게 구현하고 있다고 할 수 없는 문제점이 있다.

프로젝트 07_02.sb2

개선한 에라토스테네스의 체를 구현해 보자.

01 기본적으로 시작은 앞의 스크립트와 같다. 다만, 이번에는 소수 판별리스트를 초기화 할 때 '소수' 대신 '판별해 주세요.'라고 입력한다.

02 '판별해 주세요.'라고 입력한 것을 판별해서 소수면 '소수'로 소수가 아니면 ' '으로 바꿔줄 것이다. 만약 더 이상 판별할 숫자가 없으면 연산을 종료하도록 하기 위해 다음과 같이 '소수 판별리스트'에 '판별해 주세요.'가 없을 때까지 반복하는 구조를 만든다.

03 이제는 선택 값을 찾아야 한다. '선택값' 변수를 1씩 증가시키면서 선택 값을 찾는다. 남아있는 '소수 판별리스트'의 데이터 중에서 '판별해 주세요.'가 저장된 것을 찾으면 된다.

처음에는 '선택값'이 2로 초기화 되었고, '소수 판별리스트'의 2번 데이터가 '판별해 주세요.'이기 때문에 '선택값' 2에 대해서 제외시키는 연산이 수행된다. 그리고 다음에는 '선택값'을 1 증가시킨 3이 선택되어 제외시키는 연산이 진행된다. 그 다음에는 '선택값'을 1 증가시킨 값이 4가 되지만, 4는 이미 제외되어 ' '으로 변경되었기 때문에 건너뛰어서 5가 '선택값'이 된다.

이러한 일련의 과정은 에라토스테네스의 체의 방법과 일치한다.

04 '선택값'으로 정해진 것은 소수이기 때문에 데이터를 '소수'로 바꿔준다. 그리고 '선택값'의 배수들을 제외시킨다. 다 제외시키고 나면 다음 연산을 위해 '곱하는 수'를 2로 변경한다.

05 완성된 스크립트는 다음과 같다.

입력한 수 소수 판별하기
앞의 프로젝트에서는 소수를 찾는 범위를 입력했다. 이번에는 입력한 숫자가 소수가 맞는지 판단하는 프로젝트를 작성하여라.

풀이 p. 208

Memo

CHAPTER
08

피보나치 수열

컴퓨터 과학에서의 주된 연구 주제는 계산(computation)이다. 계산이라는 것은 수학 시간에 공부하는 연산을 의미하기도 하지만 이미 자연에 존재하는 수학적, 과학적, 공학적 규칙을 계산이라고 말하기도 한다. 그래서 최근에는 컴퓨터 과학을 자연 과학 분야에 포함해야 한다는 주장까지 나오고 있다.

그러면 이러한 예를 직접 찾아보자. 우리가 무심코 보았던 많은 것들이 계산으로 구현될 수 있는 규칙성을 가지고 있음을 발견하게 될 것이다.

붓꽃
꽃잎수 3장

채송화   패랭이
꽃잎수 5장

모란   코스모스
꽃잎수 8장

출처: 네이버 초등수학 개념사전

예를 들어 꽃들의 꽃잎 수를 살펴보자면 거의 모든 꽃잎이 3장, 5장, 8장, 13장으로 되어 있다. 이 밖에도 과꽃과 치커리는 21장, 질경이와 데이지는 34장, 쑥부쟁이는 55장 또는 89장이다. 이러한 꽃잎의 수를 나열하면 3, 5, 8, 13, 21, 34, 55, 89, … 가 된다. 이 숫자 안에는 어떠한 규칙성이 있는 것일까?

이탈리아의 수학자인 레오나르도 피보나치(1170~1250)는 그의 책에서 토끼의 번식의 예를 들며 '피보나치 수열'이라는 것을 소개했다.

> 어떤 농부가 갓 태어난 새끼 토끼 암수 한 쌍을 가지고 있었다. 이 한 쌍의 토끼는 어른이 되는데까지 한 달이 걸리고 어른이 된 한 쌍이 토끼는 매달 한 쌍의 암수 새끼를 낳는다. 과연 매달 토끼의 개수는 몇 쌍으로 나타낼 수 있을지 계산해보자.
> 첫 달에는 새끼토끼 1쌍, 둘째 달에는 어른토끼 1쌍, 셋째 달에는 총 2쌍(어른토끼 1쌍, 새끼토끼 1쌍), 넷째 달에는 총 3쌍(어른토끼 2쌍, 새끼토끼 1쌍), 다섯째 달에는 총 5쌍(어른토끼 3쌍, 새끼토끼 2쌍), … 이를 수로만 나열해보면 1, 1, 2, 3, 5, 8, 13, 21, 34, 55, 89, … 가 된다.
> 이러한 규칙으로 나열되는 수의 배열을 '피보나치 수열'이라고 한다.

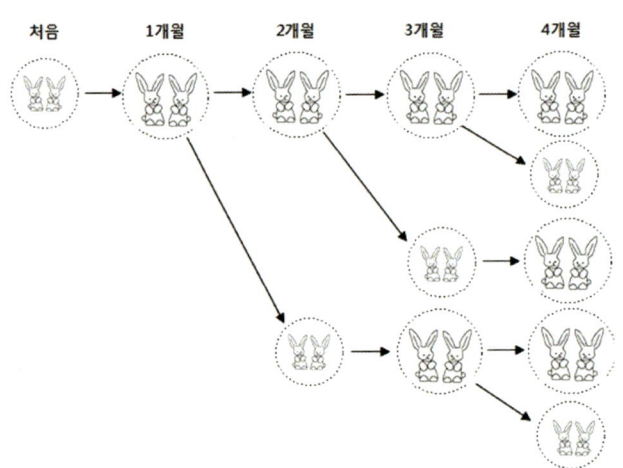

피보나치 수열의 특징은 수의 나열이 1, 1로 시작된다고 가정한다면 세 번째 수부터는 해당 수의 앞의 수와 앞앞의 수를 합친 수가 된다는 점이다. 다음 그림을 보면 그 규칙을 더 쉽게 이해할 수 있을 것이다.

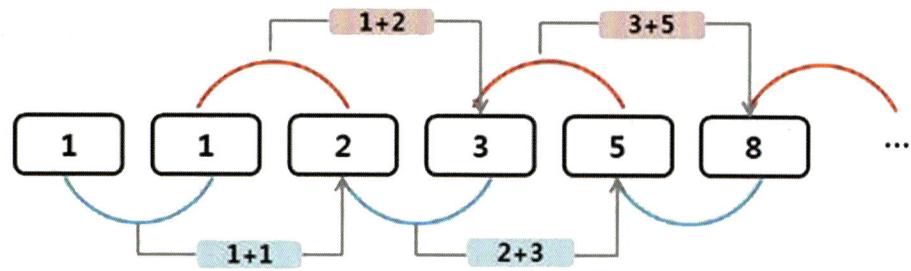

출처: 네이버 초등수학 개념사전

이러한 수의 나열을 꽃잎에서만 찾아볼 수 있는 것이 아니라는 점이 더 놀랍다. 많은 예가 있지만 이번 장에서는 소라, 앵무조개 껍질, 달팽이 껍질, 사람의 귀 모양에서 찾아볼 수 있는 피보나치 수열을 이용하여 나선형의 그림을 구현해 보고자 한다.

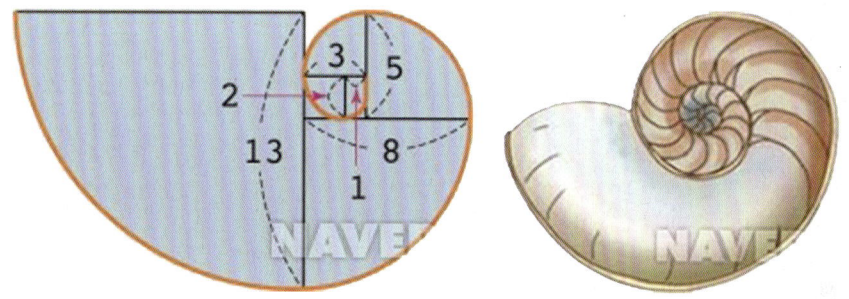

출처: 네이버 초등수학 개념사전

위 그림에서 피보나치 수열을 찾고 규칙성을 찾아 보자.

피보나치 수열은 자연 안에 존재하는 규칙이다. 이러한 피보나치 수열이 컴퓨터 과학에서 주목받는 이유는 광활한 자연 안에 이렇게 숨겨진 계산을 찾을 때 컴퓨터의 힘이 문제를 해결하는 핵심이 되기 때문이다. 예를 들어 우주에 떠있는 별들 중에 이러한 피보나치 수열의 규칙에 따라 분포된 별들이 있는지에 대한 검증을 사람이 손으로 다 계산할 수는 없다는 것이다.

이번 장에서 위 그림처럼 달팽이껍질이나 소라, 귀모양에 있는 피보나치 수열을 통해 피보나치 나선을 그려보고자 한다.

SECTION 01 피보나치 나선 그리기

피보나치 나선이란 피보나치 수열을 이용하여 자연에 존재하는 나선형 형태를 말한다. 이러한 나선은 중심에서 바깥쪽으로 나올수록 중심과의 거리가 점점 확장되는데 이러한 확장속에 피보나치 수열의 비밀이 숨겨져 있다.

프로젝트 08_01.sb2

피보나치 수열을 이해하고 이를 이용하여 피보나치 나선을 그려보자.

01 다음 그림은 이번 프로젝트에서 그려볼 '피보나치 나선'이다.

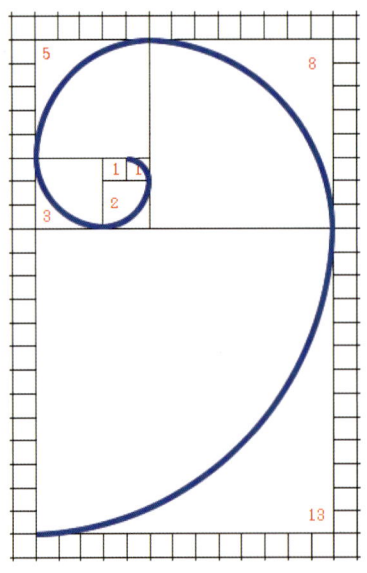

위 그림에서 가장 작은 사각형을 확대해보면 다음과 같은데, 부채꼴의 중심에서 중심각이 90도인 부채꼴을 그리면 된다.

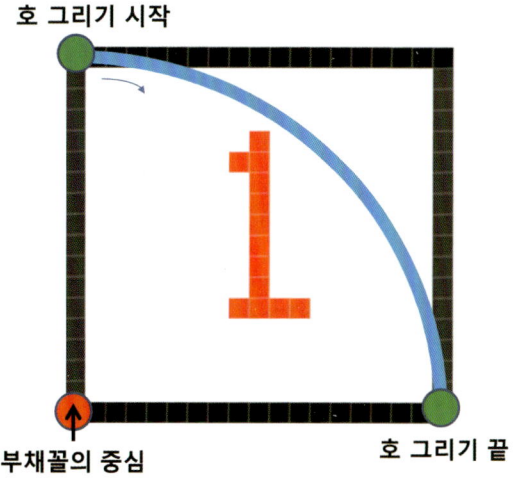

이를 위해 2개의 스프라이트를 만든다. 하나는 'center'라는 이름의 스프라이트이고 또 다른 하나는 'dot'라는 이름의 스프라이트이다. 이 두 개의 스프라이트는 작은 점으로 이루어졌다.

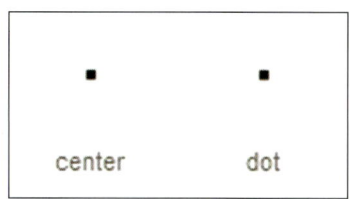

'center' 스프라이트는 부채꼴의 중심에 위치해 있고 현재 위쪽 방향으로 보고 있다면 'dot' 스프라이트는 중심('center' 스프라이트의 위치)에서 1만큼 떨어진 위치로 이동하여 점을 찍는다. 그리고 다시 'center' 스프라이트는 1도 회전하고 'dot' 스프라이트는 중심에서 1만큼 떨어진 위치로 이동하여 점을 찍는다. 이런 동작을 90번을 하게 되면 점으로 이루어진 호가 생기게 될 것이다. 다음 그림은 이러한 동작을 순차적으로 표현한 것이니 참고하기 바란다.

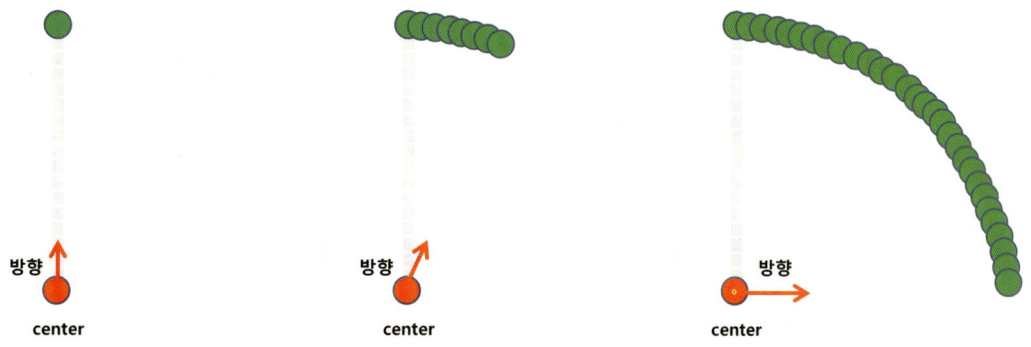

Chapter 08 피보나치 수열

02 앞서 설명한 효과를 만들기 위해서 두 스프라이트의 역할을 나누어 생각해 보면 된다. 'center' 스프라이트는 처음 무대의 중심에 위치하고 위쪽 방향을 향한 상태에서 시계 방향으로 1도씩 회전하며 매번 'draw'라는 메시지를 90번 반복해서 방송한다.

03 'dot' 스프라이트는 'draw'라는 메시지를 받을 때마다 점만 찍어주면 된다.

이렇게 스크립트를 만들고 프로젝트를 실행하면 아주 작은 부채꼴의 호가 그려진다.

04 작지만 하나의 부채꼴 호를 그렸다. 하지만 그 다음이 문제다. 이를 위해서는 피보나치 나선 그림의 규칙을 찾아 볼 필요가 있다. 먼저 부채꼴의 반지름 길이의 변화를 표로 정리해 보자.

중심번호	중심1	중심2	중심3	중심4	중심5	중심6
반지름 길이	1	2	3	5	8	13

반지름의 길이는 피보나치 수열의 순서와 같다. 그리고 부채꼴 중심의 방향의 변화를 표로 정리해 보겠다.

중심번호	중심1	중심2	중심3	중심4	중심5	중심6
방향	위 (0도)	오른쪽 (90도)	아래 (180도)	왼쪽 (-90도)	위 (0도)	오른쪽 (90도)

마지막으로 찾아야 할 규칙은 부채꼴의 중심의 위치 변화이다. 중심1에서 중심2로 'center' 스프라이트를 옮기는 시점에서 방향은 오른쪽 방향으로 변화 되었고, 이 때 중심 2의 위치는 중심 1위 위치에서 뒤로 1만큼 움직이면 된다. 이와 같은 방법으로 중심 3의 위치도 중심 2의 위치(아래쪽방향)에서 뒤로 1만큼 움직이면 된다.

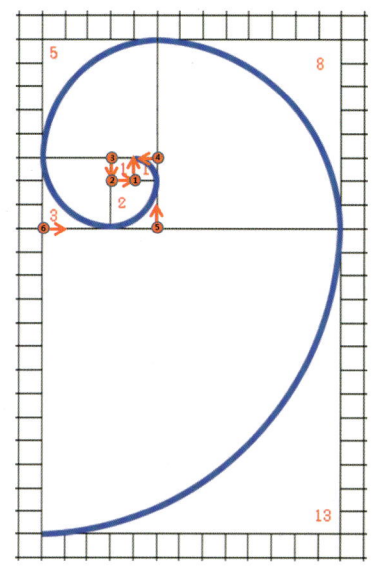
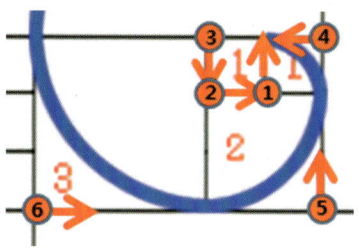

이를 순서대로 표현하자면 아래와 같은 피보나치 수열로 나타내어 진다.

	중심2로 이동시	중심3으로 이동시	중심4로 이동시	중심5로 이동시	중심6으로 이동시	중심7로 이동시
이동거리	뒤로 1	뒤로 1	뒤로 2	뒤로 3	뒤로 5	뒤로 8

05 이제 이러한 규칙을 스크립트로 옮기면 된다.

먼저 사용할 변수를 만들자. 총 3개의 변수로 'a'와 'b'는 피보나치 수열에서 앞 수, 바로 뒤 수를 나타낸다. 프로그램 시작시에 'a'와 'b'는 모두 1이다. 나머지 변수는 'temp'로 다음 피보나치 수열 계산을 위해 사용된다. 이 계산에 대한 방법은 다음 표에 나와 있다.

	temp	a	b	스크립트
프로젝트 시작시	0	1	1	
단계1	1	1	2	• temp에 a값을 저장 • a에 b값을 저장 • b에 temp + a값을 저장
단계2	1	2	3	
단계3	2	3	5	
단계4	3	5	8	
단계5	5	8	13	
단계6	8	13	21	

'center' 스프라이트의 스크립트는 다음과 같다. -1 * a 만큼 움직이기 는 현재 방향의 뒤로 'a'만큼 움직이는 것이다.

06 'dot' 스프라이트 스크립트에서 변화된 것은 부채꼴의 길이를 1로만 지정했지만, 이 길이가 계속 변화될 것이기 때문에 'b'값만큼 움직이기로 수정한다.

07 완성된 프로젝트를 실행시켜 보기 바란다.

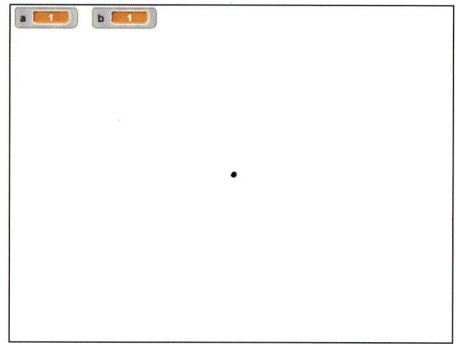 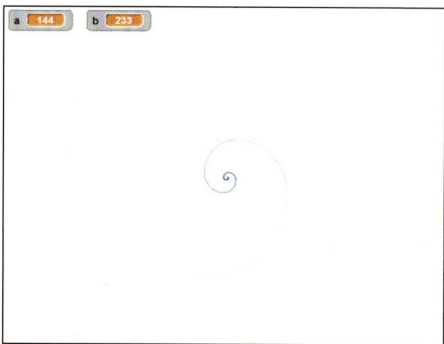

피보나치 나선 변형하기
다음 그림과 같이 앞에서 만든 피보나치 나선의 색깔과 굵기를 바꿔보자.

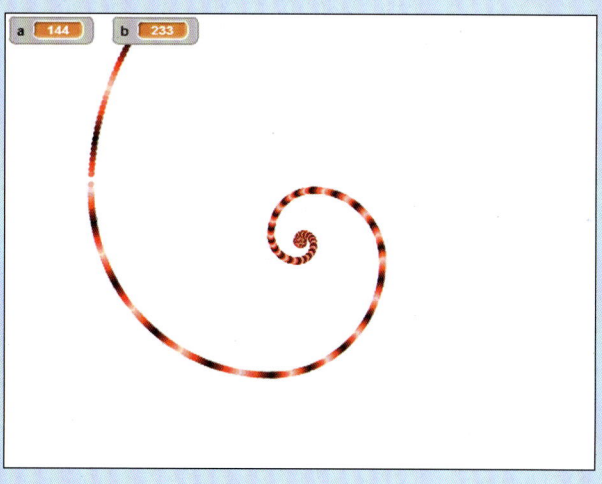

풀이 p. 210

Memo

CHAPTER
09

전기요금 계산하기

우리는 매일 TV, 컴퓨터, 스마트폰, 냉장고 등 전기를 사용하는 전기기기를 사용하고 있다. 플러그를 꽂고 스위치만 켜면 누구나 쉽게 전기기기를 사용할 수 있다. 하지만 사용하기 쉬운 만큼 에너지 절약에 대한 인식이 부족한 것도 사실이다. 전기기기를 사용하는 양에 따라 매달 내는 전기요금이 결정된다. 그렇다면 전기요금은 어떻게 계산되는 것일까? 또 TV와 컴퓨터 중에서 더 많은 전기가 필요한 것은 어떤 제품일까?

실제로 가정에 있는 가전제품의 소비 전력을 직접 조사해보고 이를 이용하여 예상 전기요금을 직접 구해보자.

SECTION 01 가전제품의 소비전력과 전력량 구하기

소비전력은 전기기기에 사용되는 단위시간당 에너지를 의미한다. 일반적으로 전기제품 또는 전기제품의 사용설명서를 확인하면 소비전력을 확인할 수 있다.

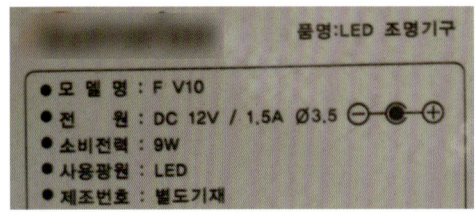

위 그림은 어느 LED조명기구에 붙은 스티커이다. 이 조명기구의 소비전력이 9W라는 것을 알 수 있다. 다른 전기제품도 마찬가지 방법으로 소비전력을 알 수 있다. 비슷한 일을 하는 전기기기라 할 지라도 소비전력이 다를 수 있다. 즉, 소비전력이 적다는 것은 그만큼 적은 전기량으로도 작동할 수 있기 때문에 전기효율성이 높다고 할 수 있다.

전력량은 전력과 시간의 곱이다. 전력량의 단위로는 전력의 단위인 와트(W) 또는 킬로와트(kW)에 사용한 시간(h)를 곱하여 와트시(Wh) 또는 킬로와트시(kWh)를 사용한다. 만약 위에서 살펴본 9W의 조명기구를 하루에 2시간(h) 사용했다면 전력량은 18Wh이고 이것을 한 달을 30일로 계산한다면 다음과 같이 전력량이 540Wh라는 것을 알 수 있다.

$$9W \times 2시간 \times 30일 = 540Wh$$

전기를 사용하고 매달 내는 전기요금은 집에 있는 전기기구가 사용되는 전력량을 모두 합쳐 그에 대한 비용을 내는 것이다. 따라서 집에 있는 모든 전기기구의 전력량을 구한다면 내야하는 전기요금을 예상할 수 있게 되는 것이다.

프로젝트

09_01.sb2

전기기기의 소비전력과 사용시간을 이용해서 전력량을 계산한다.

01 전력량을 계산하기 위해 소비전력과 사용시간이 필요하다. 기기마다 소비전력이나 사용시간이 다르기 때문에 따로 입력을 받아야 한다. 소비전력과 사용시간을 저장할 변수를 만들어야 하는데 우선 '전등_사용시간'과 '전등_소비전력' 변수를 생성한다.

02 각각의 전기기기의 스프라이트를 생성하고 이를 클릭할 때 소비전력과 사용시간을 입력받고자 한다. 라이브러리의 'Lamp'를 이용해서 전등 모양의 스프라이트를 생성한다.

03 스프라이트를 클릭했을 때 전등의 소비전력과 1일 평균 사용시간을 묻고 대답을 해당 변수에 저장한다.

04 프로그램을 실행할 때마다 사용했던 변수의 값을 초기화해주어야 이전에 실행했던 값과 상관없이 프로그램이 동작하기 때문에 시작 버튼을 클릭할 때 '전등_소비전력'과 '전등_사용시간'에 0을 저장한다.

Chapter 09 전기요금 계산하기

05 다음과 같이 가정에 있는 다양한 전기기구를 마찬가지 방법으로 추가해보자.

06 전기사용량을 저장할 '전기사용량' 변수를 만든다. 여기에 각 전자기기의 전기사용량의 합계가 저장된다.

07 모든 전기기기의 소비전력과 사용시간을 입력받았다면 입력된 값을 바탕으로 전체 전력량을 계산해야 한다. 전체 전력량의 계산을 명령하는 'result' 버튼 스프라이트를 생성한다.

08 전력량은 '소비전력×사용시간'이다. 전기요금은 한 달 동안의 전기사용량을 과금하는 것이기 때문에 한 달은 30일로 생각하면 한 달 동안의 전등의 전력량은 '(전등 소비전력)×(전등 사용시간)× 30(일)'이 된다. 전력량의 단위를 kWh로 나타내기 위해 1000으로 나눠주면 전력량을 구하는 식은 다음과 같고

(전등 소비전력) × (전등 사용시간) × 30(일) ÷ 1000

스크립트는 다음과 같다.

09 다른 전기기기의 전기사용량도 같은 방법으로 구할 수 있다.

10 전기요금은 크게 기본 요금과 전력량 요금이 있는데 각 요금의 계산 방법이 다르다. 이미 구해진 전기사용량을 이용하여 계산을 하게 되는데 여기서는 방송하기를 통해 별도로 계산하도록 스크립트를 작성했다.

SECTION 02 전기요금 계산하기

지금까지 전기기기가 한 달 동안 사용하는 전기량의 총합을 계산하였다. 이것을 바탕으로 전기요금을 구해보자.

전기요금을 구하기 위해서는 어떻게 계산되어야 하는지 그 원리를 알아야 한다. 전기요금에는 기본요금과 전력량 요금이 있다. 기본요금은 말 그대로 전기를 사용함에 따라 기본적으로 제출하는 요금을 말하고 전력량 요금은 각 가정에서 사용한 전력량에 따라 부과되는 전기요금을 말한다. 기본요금과 전력량 요금은 각 가정에서 사용한 총 전력량에 따라 기준금액이 달라지는데 다음 표를 보면서 설명하겠다.

적용일자: 2013년 01월 14일

기본요금(원호)		전력량 요금(원/kWh)	
100kWh 이하 사용	400	다음 100kWh 까지	59.10
101~200kWh 사용	890	다음 100kWh 까지	122.60
201~300kWh 사용	1,560	다음 100kWh 까지	183.00
301~400kWh 사용	3,750	다음 100kWh 까지	273.20
401~500kWh 사용	7,110	다음 100kWh 까지	406.70
500kWh 초과 사용	12,600	다음 100kWh 까지	690.80

출처: 한국전력 홈페이지

이번 달에 사용한 전력량이 254kWh라고 가정하고 전기요금을 계산해보자.

① 기본요금

기본요금은 3번째 구간인 201~300kWh에 해당하므로 1,560원에 해당한다.

② 전력량 요금

전력량 요금은 기본요금에 비해 계산이 조금 복잡하다. 먼저 254kWh에서 200kWh를 넘는 54kWh는 3단계인 1kWh 당 183.00원으로 계산한다. 나머지 200kWh에서 100kWh를 넘는 100kWh는 2단계인 1kWh 당 122.60원으로 계산한다. 나머지 100kWh는 1kWh 당 59.10원으로 계산한다. 계산 결과는 다음과 같다.

- 1단계: 100kWh × 59.1원 = 5,910원
- 2단계: 100kWh × 122.6원 = 12,260원
- 3단계: 54kWh × 183원 = 9,882원
- 전력량요금: 28,052원

③ 전기세 합계(기본요금 + 전력량 요금)

1,560원 + 28,052원 = 29,612원

즉, 한 달 동안 사용한 전력량이 254kWh 일 때 전기세는 29,612원이 된다. 단, 실제 전기세에는 청구되는 부가가치세와 전력산업기반기금, 그리고 10원 미만의 절사되는 부분은 고려하지 않았다.

이러한 것들을 고려하여 전기요금을 계산하는 스크립트를 작성해보자.

프로젝트

전기요금을 계산한다.

01 이전에 만든 '전기사용량' 이외에 '기본요금', '전력량 요금', '전기세'를 저장할 변수를 만든다. '전력량 계산값' 변수는 전력량 요금 계산을 위해 사용할 변수이다.

02 만든 변수를 초기화 해주는 부분을 작성하자. 이렇게 초기화를 해주면 이전에 실행할 때 저장되었던 값이 다음 실행에 영향을 주는 것을 예방할 수 있다.

03 먼저 기본요금을 구하는 부분부터 작성하자. 기본요금은 전기사용량에 따라 구간에 해당하는 요금을 받아오면 된다. 전기 사용량이 100kWh 이하이면 '기본요금' 400원이 선택되도록 한다.

04 전기 사용량이 100kWh을 초과하고 200kWh 이하인 경우에는 '기본요금'이 890원이 된다.

```
기본요금 계산 ▼ (을)를 받았을 때
  만약  전기사용량 < 100  또는  전기사용량 = 100  라면
     기본요금 ▼ (을)를 400 로 정하기
  아니면
     만약  전기사용량 < 200  또는  전기사용량 = 200  라면
        기본요금 ▼ (을)를 890 로 정하기
     아니면
```

05 마찬가지 방법으로 전기 사용량이 200kWh 초과 300kWh 이하, 300kWh 초과 400kWh 이하, 400kWh 초과 500kWh 이하, 500kWh 초과 일 때 각각 1560원, 3750원, 7110원, 12600원을 선택하도록 스크립트를 작성한다. 그리고 '전력량 요금 계산' 메시지를 방송한다.

```
기본요금 계산 ▼ (을)를 받았을 때
만약  전기사용량 < 100  또는  전기사용량 = 100  라면
    기본요금 ▼ (을)를 400 로 정하기
아니면
    만약  전기사용량 < 200  또는  전기사용량 = 200  라면
        기본요금 ▼ (을)를 890 로 정하기
    아니면
        만약  전기사용량 < 300  또는  전기사용량 = 300  라면
            기본요금 ▼ (을)를 1560 로 정하기
        아니면
            만약  전기사용량 < 400  또는  전기사용량 = 400  라면
                기본요금 ▼ (을)를 3750 로 정하기
            아니면
                만약  전기사용량 < 500  또는  전기사용량 = 500  라면
                    기본요금 ▼ (을)를 7110 로 정하기
                아니면
                    기본요금 ▼ (을)를 12600 로 정하기
전력량 요금 계산 ▼ (을)를 방송하기
```

06 전력량 요금은 전기사용량을 구간별로 계산하기 때문에 조금은 복잡하다. '전력량 계산 값'이라는 변수를 만들어 전기사용량을 저장하고 이 값을 이용하여 요금을 계산하고자 한다. '전기사용량' 값을 변경시키면 기본요금 계산에 영향을 미칠 수 있기 때문에 별도의 변수를 만든 것이다.

07 '전기사용량'이 500kWh을 초과한다고 가정했을 때 500kWh가 넘는 부분만 1kWh당 690.8원을 부과해야 한다. 초과하는 부분을 계산하면 그 부분을 빼주어야 하므로 전기사용량을 500kWh로 바꾸어 준다. 전기사용량이 500kWh가 넘지 않을 때 이 블록은 실행되지 않는다.

08 '전기사용량'이 400kWh을 초과한다고 가정했을 때 400kWh가 넘는 부분만 1kWh당 406.7원을 부과해야 한다. 초과하는 부분을 계산하면 그 부분을 빼주어야 하므로 전기사용량을 400kWh로 바꾸어 준다. 마찬가지로 전기사용량이 400kWh가 넘지 않을 때 이 블록은 실행되지 않는다.

09 '전기사용량'이 300kWh, 200kWh, 100kWh를 초과할 때도 같은 방법으로 스크립트를 작성한다.

```
만약 < 전력량 계산값 > 300 > 라면
    전력량 요금 ▼ 를 ( 전력량 계산값 - 300 ) * 273.2 만큼 바꾸기
    전력량 계산값 ▼ (을)를 300 로 정하기

만약 < 전력량 계산값 > 200 > 라면
    전력량 요금 ▼ 를 ( 전력량 계산값 - 200 ) * 183.0 만큼 바꾸기
    전력량 계산값 ▼ (을)를 200 로 정하기

만약 < 전력량 계산값 > 100 > 라면
    전력량 요금 ▼ 를 ( 전력량 계산값 - 100 ) * 122.6 만큼 바꾸기
    전력량 계산값 ▼ (을)를 100 로 정하기
```

10 '전기사용량'이 100kWh 이하일 때는 1kWh당 59.1원으로 요금을 구하고 전력량 계산값을 0으로 지정한다. 그리고 '계산' 메시지를 방송하면 전력량 요금을 계산하는 스크립트가 완성된다.

```
만약 < 전력량 계산값 = 100 > 또는 < 전력량 계산값 < 100 > 라면
    전력량 요금 ▼ 를 ( 전력량 계산값 * 59.1 ) 만큼 바꾸기
    전력량 계산값 ▼ (을)를 0 로 정하기
```

11 이제 구해진 요금을 출력하는 부분만 작성하면 된다. 다음 그림처럼 캐릭터를 이용하여 구해진 전기사용량과 전기세를 말하도록 하기 위해 스프라이트를 추가한다.

12 구해진 '기본요금'과 '전력량 요금'을 더한 뒤 반올림하여 '전기세' 변수에 저장한다.

13 결과값을 말한다.

SECTION 03 완성된 프로그램 확인하기

완성된 프로그램이 제대로 동작하는지 확인해 보자. 어느 집에서 2개의 가전기기가 있다고 가정하고 전기세를 예상하는 프로그램을 동작시켜 보자.

전기기기	노트북	전등
소비전력	200W	50W
하루 사용시간	3시간	6시간

01 프로그램을 실행하면 다음과 같은 화면이 나온다. 모든 변수는 0으로 초기화 된다.

02 노트북과 전등을 클릭하여 소비전력과 하루 사용시간을 입력한다.

03 result 버튼을 눌러 전기세를 확인한다. 입력한 값에 따라 전기사용량, 기본요금, 전력량 요금이 구해지고 전기세가 계산된다. 전기세는 1996원으로 계산되었다.

우리 집 전기요금 예상해보기

여러분의 집에서는 어떤 전기기구가 있고 그 전기기구의 소비전력은 얼마이며 하루 사용하는 시간은 얼마인지 생각해보자. 직접 프로그래밍을 해보고 실제 나오는 전기세와는 어느 정도 차이가 있는지 알아보자. 전기효율이 좋은 전기기구를 사용하거나 전기기구 사용량을 줄이면 얼마나 전기세를 줄일 수 있을지도 예측해보고 에너지 절약에 동참해보자.

CHAPTER
10

지진 모니터 프로그램

최근 지진으로 발생한 엄청난 피해로 인하여 그에 대한 관심이 높아지고 있다. 한반도 역시 더 이상 지진에 대하여 안전지역이 아니라는 뉴스가 보도되면서 우리나라도 지진에 대하여 대비를 해야 한다는 인식이 높아지고 있다. 지진의 발생지역은 많은 사람들이 관심을 갖는 주제이기도 하다.

인터넷을 통해 지진에 대한 다양한 정보를 검색할 수 있다. 그 중에서도 미국지진연구협의회 홈페이지(http://www.iris.edu)는 영어로 되어 있기는 하지만 지진에 대해 다양한 정보를 얻을 수 있는 공간이다. 특히 http://www.iris.edu/sm2/eventlist/index.phtml에 접속하면 최근 30일 간의 전 세계에서 발생한 지진의 정보를 찾을 수 있다. 여기서 얻을 수 있는 정보는 정보의 발생 일자와 시간(DATE and TIME), 위도(LAT : latitude), 경도(LON : longitude), 진도(MAG : magnitude), 진원의 깊이(DEPTH), 발생지역 지명(LOCATION) 등이다.

30 Days of Earthquakes Worldwide
506 earthquakes of magnitude > 4.0, for uniform distribution

TIP To sort by multiple columns hold shift key and click on second and even third column header.

DATE and TIME (UTC)	LAT	LON	MAG	DEPTH km	LOCATION (click links to explore)
27-OCT-2013 23:01:45	37.18	144.72	5.0	10	OFF EAST COAST OF HONSHU, JAPAN
27-OCT-2013 22:22:35	-9.71	120.29	4.0	53	SUMBA REGION, INDONESIA
27-OCT-2013 18:13:06	37.14	144.64	5.5	26	OFF EAST COAST OF HONSHU, JAPAN
27-OCT-2013 15:28:21	8.27	-82.57	5.1	57	PANAMA-COSTA RICA BORDER REGION
27-OCT-2013 13:44:51	14.30	-93.38	4.1	40	NEAR COAST OF CHIAPAS, MEXICO
27-OCT-2013 12:56:01	-4.12	128.81	4.1	35	BANDA SEA
27-OCT-2013 12:07:55	-10.87	165.94	5.1	30	SANTA CRUZ ISLANDS
27-OCT-2013 12:07:52	2.70	95.37	4.5	28	OFF W COAST OF NORTHERN SUMATERA
27-OCT-2013 11:49:41	-1.41	126.52	4.2	34	SOUTHERN MOLUCCA SEA
27-OCT-2013 10:41:50	-6.35	130.22	4.6	116	BANDA SEA
27-OCT-2013 09:18:10	2.21	126.86	4.5	66	NORTHERN MOLUCCA SEA
27-OCT-2013 08:27:13	23.82	121.68	4.5	47	TAIWAN
27-OCT-2013 08:24:11	36.56	70.82	4.4	189	HINDU KUSH REGION, AFGHANISTAN
27-OCT-2013 05:30:21	21.58	143.10	4.3	317	MARIANA ISLANDS REGION
26-OCT-2013 23:39:20	-7.07	130.00	4.5	170	TANIMBAR ISLANDS REG., INDONESIA
26-OCT-2013 22:34:34	8.33	-82.95	4.6	18	PANAMA-COSTA RICA BORDER REGION
26-OCT-2013 22:08:06	-6.33	132.79	4.7	35	TANIMBAR ISLANDS REG., INDONESIA
26-OCT-2013 14:36:31	38.18	139.72	4.3	112	NEAR WEST COAST OF HONSHU, JAPAN
26-OCT-2013 14:36:15	38.09	141.81	4.4	66	NEAR EAST COAST OF HONSHU, JAPAN
26-OCT-2013 13:17:20	-17.81	-178.65	4.5	516	FIJI ISLANDS REGION
26-OCT-2013 07:31:09	60.35	-152.99	4.0	100	SOUTHERN ALASKA
26-OCT-2013 07:00:00	-10.73	164.73	4.8	27	SANTA CRUZ ISLANDS REGION
26-OCT-2013 05:18:44	37.40	144.70	4.7	24	OFF EAST COAST OF HONSHU, JAPAN
26-OCT-2013 02:08:03	37.08	144.61	4.6	10	OFF EAST COAST OF HONSHU, JAPAN
26-OCT-2013 01:06:48	37.06	144.65	4.9	20	OFF EAST COAST OF HONSHU, JAPAN
25-OCT-2013 22:50:59	39.69	97.34	4.8	14	GANSU, CHINA
25-OCT-2013 21:51:57	-56.31	-27.48	5.2	109	SOUTH SANDWICH ISLANDS REGION
25-OCT-2013 21:27:34	37.04	144.62	5.5	10	OFF EAST COAST OF HONSHU, JAPAN
25-OCT-2013 20:34:21	-6.69	127.08	4.6	409	BANDA SEA
25-OCT-2013 19:02:58	37.03	144.69	4.8	17	OFF EAST COAST OF HONSHU, JAPAN
25-OCT-2013 18:38:38	-25.18	-115.69	4.9	16	SOUTHERN EAST PACIFIC RISE
25-OCT-2013 18:12:48	2.41	95.94	4.4	24	OFF W COAST OF NORTHERN SUMATERA
25-OCT-2013 17:57:39	37.18	144.72	5.1	37	OFF EAST COAST OF HONSHU, JAPAN
25-OCT-2013 17:54:31	-19.36	-173.57	5.4	10	TONGA ISLANDS
25-OCT-2013 17:11:23	-1.01	67.57	5.3	10	CARLSBERG RIDGE
25-OCT-2013 17:10:16	37.19	144.66	7.3	10	OFF EAST COAST OF HONSHU, JAPAN
25-OCT-2013 16:59:51	9.80	124.11	4.6	28	MINDANAO, PHILIPPINE ISLANDS

출처 : http://www.iris.edu/sm2/eventlist/index.phtml

지진의 발생 지역을 표시하려면 위도와 경도에 대해서 제대로 이해하고 있어야 한다. 아래의 세계지도에서 가로선이 위도를 나타내고 세로선이 경도를 나타낸다. 위도는 중심의 적도(0도)를 중심으로 가운데에서 멀어지고 극지방에 가까울수록 위도가 커지고 북극점과 남극점이 각각 90도에 위치한다. 경도의 경우 영국의 그리니치 천문대를 중심으로 오른쪽은 동쪽(E), 왼쪽은 서쪽(W)으로 나타내며 영국에서 동쪽으로 갈수록 경도가 커진다. 180도를 중심으로 서쪽으로 표기하며 180도에서 점점 줄어들어 0도가 된다.

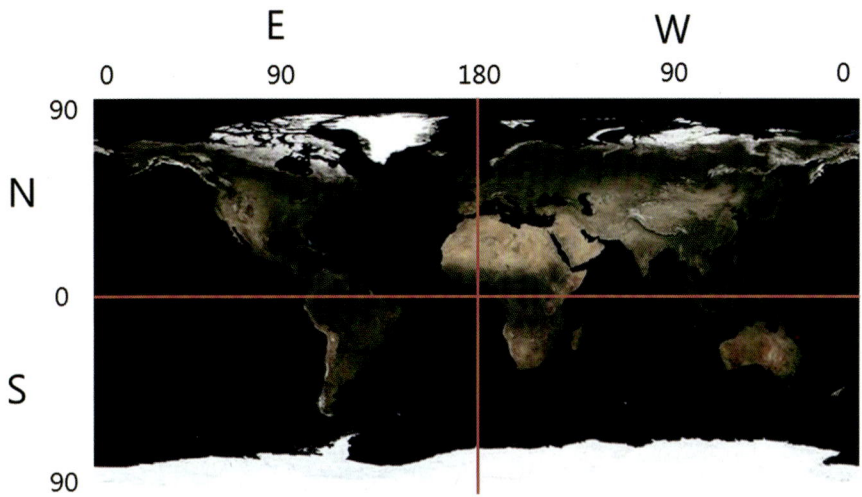

출처 : http://www.bourlingueur.org/assets/planisphere/terre-juin.jpg

이러한 표기법을 사용하면 서울은 N 37도 E 127도, 미국의 뉴욕 N 40도 W 74도, 영국의 런던 W 0도 N 51도, 호주의 시드니 S 33도 E 151도, 아르헨티나의 부에노스아이레스 S 34도 W 58도로 나타낼 수 있다. 다른 방법으로 N, S, E, W가 아니라 +, -로 위치를 나타내는 방법이 사용되기 한다. 이 표기법을 사용하면 서울은 37도, 137도, 뉴욕은 40도, -74도로 표현할 수 있다.
그러면 지진 발생 지역을 세계지도에 표시하는 프로젝트를 작성해 보자.

SECTION 01 지진 발생 지역 좌표 입력하기

여러 곳에서 발생한 지진의 위치를 표현하기 위해서는 리스트를 사용하는 것이 효과적이다. 리스트를 사용하면 같은 이름의 공간 안에 인덱스를 사용하여 저장하기 때문에 반복문을 사용하여 프로그래밍하기에 유리하다.
프로젝트에서 사용할 세계지도를 준비한다. 평면의 세계지도의 경우 구형태의 지구를 옮겨놓은 것이기 때문에 왜곡이 생긴다. 특정 세계지도의 경우 극지방으로 올라갈수록 같은 위도를 표현하더라도 지도상의 면적이 커지는 경우가 발생하는데 이런 지도는 이번 프로젝트에 적합하지 않다. 위도에 따라 별도의 프로그래밍이 필요해서 프로그램이 복잡해지기 때문이다. 따라서 이번 프로젝트에서는 위도별 크기가 일정한 세계지도를 사용하려고 한다.

프로젝트

10_01.sb2

지진의 발생 위치를 표시할 세계지도를 삽입하고 지진 발생 위치를 입력하자.

01 세계지도를 삽입한다. 삽입한 세계지도가 무대에 딱 들어맞도록 크기를 조정한다. 지진 발생 위치를 스크래치 좌표상에 쉽게 표기하게 하기 위해서 경도 0도가 지도의 가장 왼쪽에 오도록 편집한 지도를 사용했다.

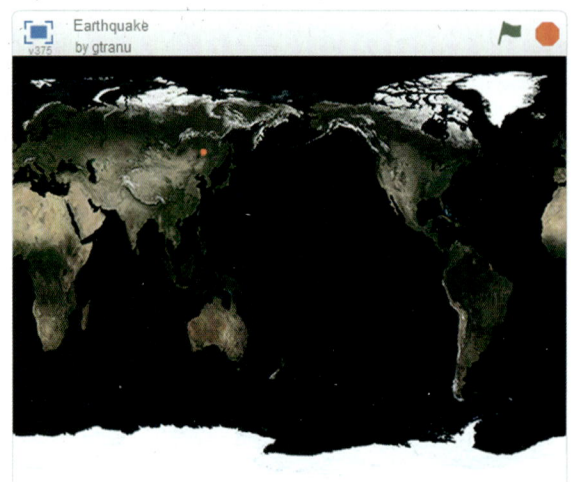

02 지진 발생 위치를 나타내기 위해 위도와 경도를 저장하기 위한 'latitude', 'longitude' 리스트를 생성한다. 그리고 'latitude', 'longitude' 리스트에 http://www.iris.edu/sm2/eventlist/index.phtml의 지진발생 위치 위도와 경도를 입력하기 위한 스크립트를 작성한다. 지도 발생의 위치를 제대로 표현하기 위해서는 위도와 경도의 인덱스 번호가 같아야 하므로 여기에서는 리스트의 가장 마지막 위치에 데이터가 삽입되도록 구현했다.

03 데이터를 잘못 입력했을 경우를 대비하여 가장 최근의 입력을 삭제할 수 있는 스크립트를 만든다. 실행 시에 작동하는 스크립트는 아니기 때문에 데이터를 삭제하려면 스크립트를 더블클릭해야 된다.

04 다음과 같이 데이터를 입력한다.

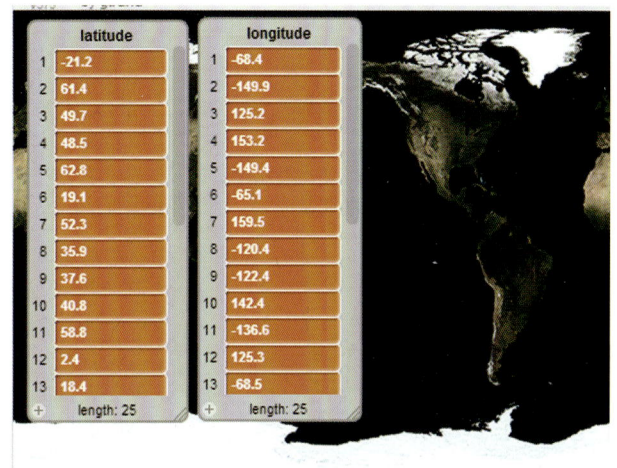

| SECTION 02 | 지진 발생 지역 세계 지도에 표시하기 |

세계지도의 위도와 경도는 다음과 같다.

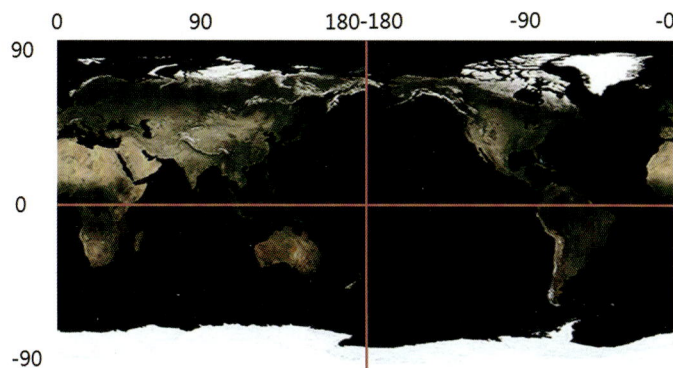

이것을 스크래치를 이용하여 표시하기 위해서는 스크래치의 좌표를 이해해야 한다.

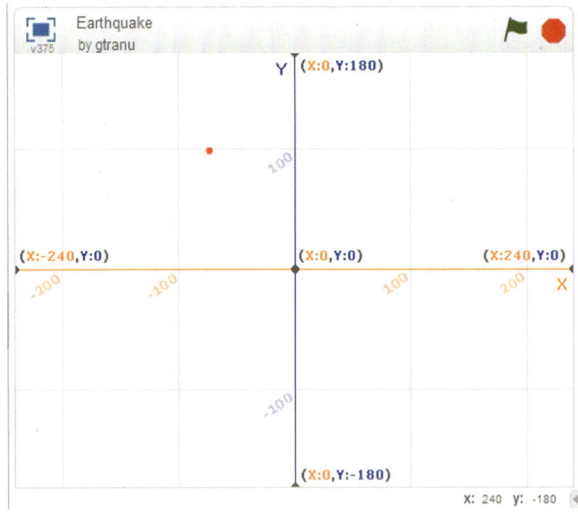

스크래치 상의 좌표는 앞의 그림과 같다. 무대의 중심 좌표가 (0. 0)으로 가로의 x축이 –240 ~ 240, 세로의 y축이 –180 ~ 180으로 되어 있다. 지도 상의 좌표를 스크래치 좌표 상에 옮기기 위해서는 계산이 필요하다.

프로젝트

지진 발생 지역을 세계지도에 표시해보자.

01 지도상의 위도를 스크래치 무대의 y좌표로 옮기기 위해서는 위도 값에 2를 곱하면 된다.

02 지도상의 경도를 스크래치 무대의 x좌표로 옮기기 위해서는 경도의 값이 양수인지 음수인지에 따라 다르게 나타난다. 경도의 값이 양수(동경)의 경우(0도 ~ 180도)는 시작값이 –240이고 종료값이 0이다. 이를 식으로 나타내면 '–240 + 1.33 × 경도'가 된다. 그리고 경도의 값이 음수(서경)의 경우(–180도 ~ 0도)의 경우 시작값이 240이고 종료값이 480이다. 이를 식으로 나타내면 '240 + 1.33 × 경도'가 된다. 다음은 위도와 경도를 y좌표와 x좌표로 나타내는 스크립트이다.

03 위치를 표시하기 위한 스프라이트를 만든다. 지도에 잘 보이게 하기 위해 빨간색 원 형태로 만들었다.

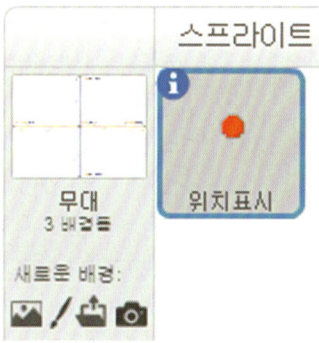

04 반복문의 제어를 위한 변수 'i'를 만든다. 초기값을 1로 정하고 리스트의 크기와 비교하면서 증가시켜 준다. 리스트의 값보다 작다면 아직 리스트의 내용을 다 표시하지 못한 것이기 때문에 계속 동작하게 된다.

05 앞에서 살펴본 위도와 경도의 값에 따라 지진발생위치를 표시하는 스크립트를 반복 구조 안에 넣는다.

06 위치를 표시할 좌표가 정해지면 도장 기능을 이용하여 위치를 표시하고 시간차를 주기 위해 1초 기다리기를 사용한다. 완성된 스크립트는 다음과 같다.

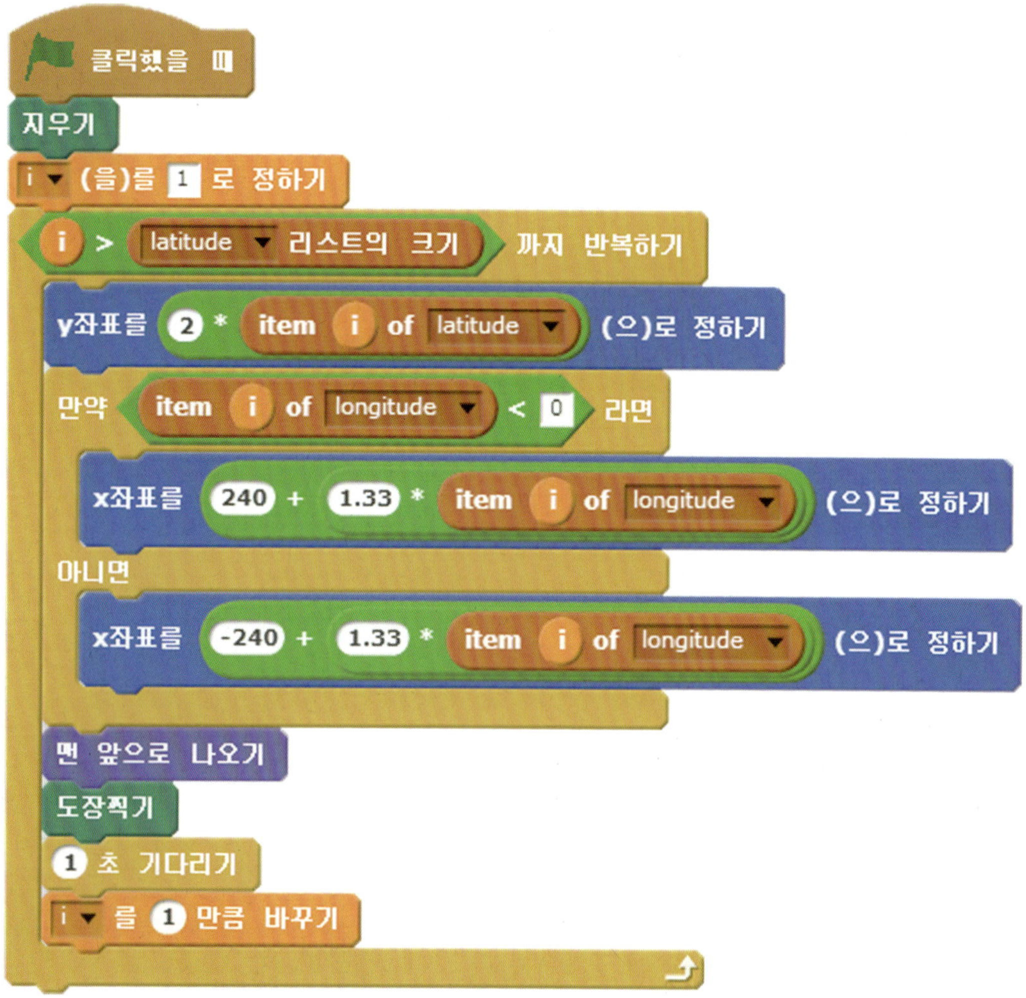
클릭했을 때
지우기
i (을)를 1 로 정하기
i > latitude 리스트의 크기 까지 반복하기
y좌표를 2 * item i of latitude (으)로 정하기
만약 item i of longitude < 0 라면
x좌표를 240 + 1.33 * item i of longitude (으)로 정하기
아니면
x좌표를 -240 + 1.33 * item i of longitude (으)로 정하기
맨 앞으로 나오기
도장찍기
1 초 기다리기
i 를 1 만큼 바꾸기

07 프로그램을 실행할 때 기존에 그려져 있던 그래픽 효과를 지울 수 있도록 무대에 그래픽 효과 지우기의 스크립트를 추가하면 프로젝트가 완성된다.

클릭했을 때
그래픽 효과 지우기

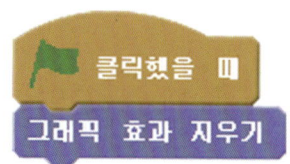

Memo

CHAPTER
11

빛의 직진과 반사의 성질을 이용한 게임

누구나 한번쯤은 TV를 통해 잠수함을 본 경험이 있을 것이다. 잠수함은 물속에서 이동하면서 물 밖의 모습을 볼 수 있다. 바로 잠만경이란 도구를 이용해서 물 밖의 모습을 볼 수 있는 것인데 과연 어떤 원리로 물속에서 밖의 모습을 볼 수 있는지 이 장에서 살펴보자.

SECTION 01 빛의 직진과 지나간 흔적 그리기

빛은 부딪히는 물체가 없는 경우 직진하는 성질이 있다. 예를 들어 빛이 통과하지 못하는 물체를 만나면 그림자가 생기고, 거울과 같은 물체를 만나면 반사되어 빛의 진행 방향이 바뀌게 된다. 이러한 성질을 반영하여 이번 프로젝트에서는 빛의 직진을 다음과 같이 표현하였다.

[조건1] 빛은 스페이스바 키를 누르는 순간 게임 캐릭터에서 출발한다.
[조건2] 빛이 나아가는 방향은 게임 캐릭터가 바라보는 방향으로 한다.
[조건3] 게임 캐릭터가 바라보는 방향은 위, 아래 화살표 키를 이용하여 회전한다.
[조건4] 빛이 직진하는 모습을 쉽게 보기 위해서 지나간 흔적을 선으로 남긴다.

프로젝트  11_01.sb2

빛을 발사하는 게임 캐릭터를 만들자.

01 라이브러리의 'Wizard'를 이용해서 마법사 스프라이트를 생성한다.

02 제작할 때 메시지 방송하기를 통해 각각의 스프라이트가 처음 상태로 돌아가도록 제작하는 것이 좋다. 여기서는 '초기화' 메시지를 방송한다.

위, 아래 방향키를 클릭하여 캐릭터를 회전할 때 '회전각도' 변수를 이용하면 게임의 난이도 조절 및 다른 스프라이트에서도 공유되는 경우 일괄 수정할 수 있어 편리하다.

스페이스바 키를 누르는 순간 마법사 스프라이트가 바라보는 방향을 '빛의각도'라는 변수에 넣는다. '빛의각도' 변수는 뒤에서 '빛' 스프라이트에서 출발할 때 방향으로 사용된다. 스페이스바 키를 누르면 캐릭터는 위, 아래 방향키를 누를 때 회전하지 않도록 무한반복에서 빠져나와야 한다. 따라서 스크립트 멈추기를 이용해 빠져나온다.

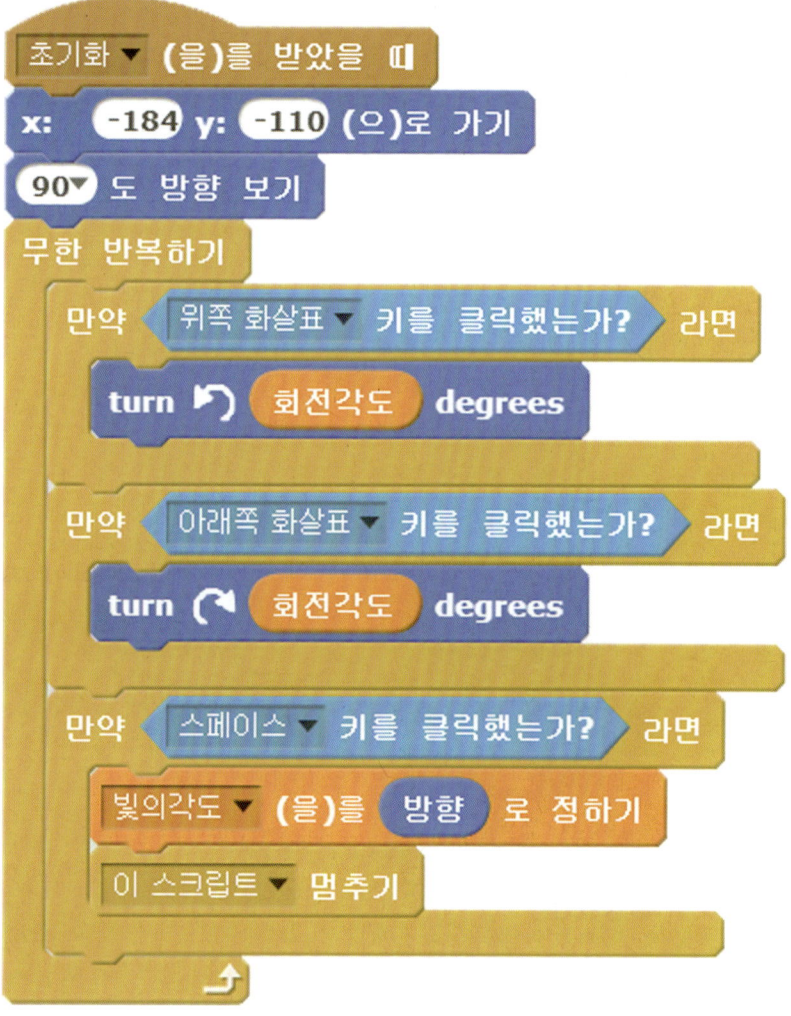

Chapter 11 빛의 직진과 반사의 성질을 이용한 게임

03 [스프라이트 그리기] 버튼을 누른 후 벡터 모드로 전환하여 노란색 원 모양의 스프라이트를 중심점에 맞추어 그린다. 스프라이트의 중심점에 원의 중심을 맞추지 않으면 마법사 캐릭터에서 빛이 발사되는 위치를 계산할 때 어려움이 있다. 스크래치에서 스프라이트의 x, y 좌표는 중심점을 기준으로 나타내기 때문이다. 벡터 모드로 그림을 그리는 이유는 스크래치 스테이지 화면을 최대로 했을 때 스프라이트가 선명하게 보이도록 하기 위한 것이다.

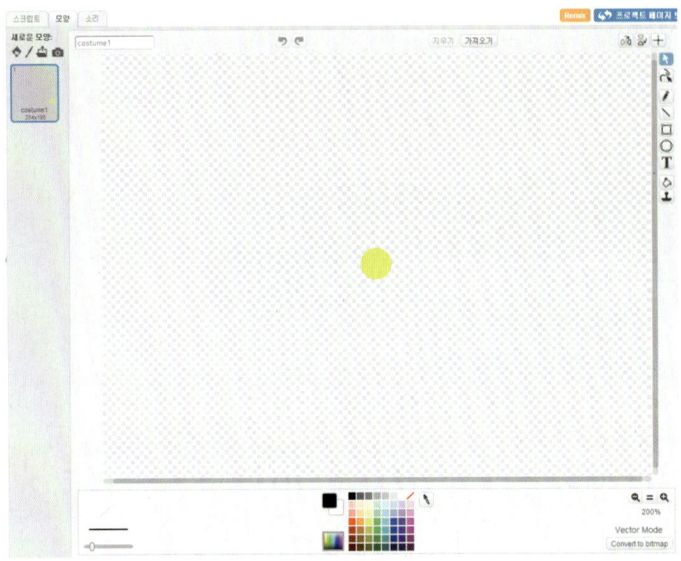

04 '초기화' 메시지를 받으면 빛이 지나간 흔적을 지우기 위해 '펜 올리기'와 '지우기' 동작을 수행한다. 게임의 난이도 조절을 위해 '회전각도' 변수에 값을 저장하고 빛이 처음 발사되는 곳(마법사의 중심점)으로 이동한다.

05 스페이스바 키를 누르면 '마법사' 스프라이트가 바라보는 방향을 바라보게 된다.
무한반복 과정에서 '5만큼 움직이기' 블록을 통해 빛은 직진하는 것처럼 표현된다. 펜 굵기와 색상을 설정한 후 '펜 내리기'를 통해 빛이 지나가는 경로를 그린다.

빛이 직진하다가 벽에 닿으면 '종료' 메시지를 방송해서 게임이 종료되게 한다. 그리고 ■색으로 된 거울에 닿으면 '반사' 메시지를 보내고 거울 스프라이트에서 빛의 방향을 계산할 때까지 기다린다. 계산이 끝나면 '빛의각도' 방향을 보고 다음 반복을 수행한다.

SECTION 02 빛의 반사 구현하기

빛 반사의 과학적 원리는 다음 그림과 같다.

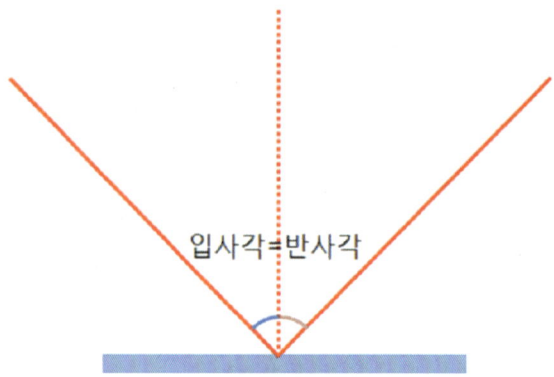

스크래치에서 좌표 체계는 다음 그림과 같다.

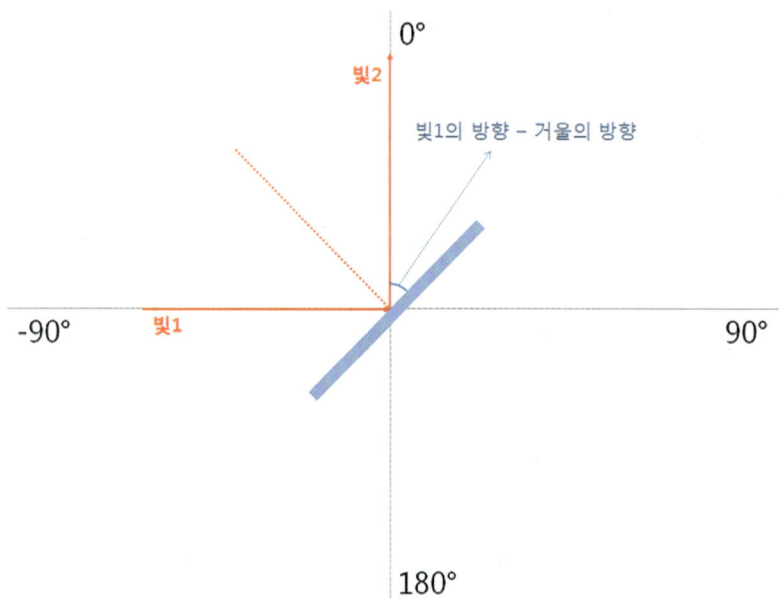

반사되는 빛을 스크래치에서 만들기 위해서는 빛2의 방향을 계산해야 한다. 위 그림에서 빛1은 90도 방향으로 직진하고 있다가 45도 방향의 거울을 만나 반사를 하게 된다. 이 때 빛2의 방향은 다음과 같은 식으로 나타낼 수 있다.

> 빛2의 방향 = 거울의 방향 − (빛1의 방향 − 거울의 방향)
> = 거울의 방향 − 빛1의 방향 + 거울의 방향
> = 거울의 방향 × 2 − 빛1의 방향

이와 같은 빛의 반사를 구현하기 위해서는 빛의 방향과 거울의 방향이 필요하다. 따라서 '빛' 스프라이트에서 거울과의 접촉을 관찰하다가 닿는 순간 각도를 계산해야 한다. 또한 게임의 난이도를 고려해서 거울이 2개 있다고 가정하고 프로젝트를 작성해보자.

프로젝트

거울의 회전과 빛의 반사를 위한 계산을 구현해보자.

01 푸른색 사각형 모양의 스프라이트를 중심점에 맞추어 그린 후 '거울1'과 '거울2' 스프라이트를 생성한다.

02 '거울1'과 '거울2' 스프라이트를 구분하기 위해서 '거울1'에서는 키보드의 1 키와 왼쪽, 오른쪽 방향키를 누르면 회전하도록 하고, '거울2'에서는 키보드의 2 키와 왼쪽, 오른쪽 방향키를 누르면 회전하도록 한다.

03 스페이스바 키를 누르면 거울의 방향을 '각도'라는 변수에 저장한 후 거울이 회전하지 않도록 무한 반복을 빠져나오기 위해 현재 스크립트를 멈춘다. 각 거울에서 '각도'는 해당하는 거울에만 의미를 지니는 변수이므로 변수를 만들 때 '이 스프라이트에서만 사용'을 선택해야 한다.

04 이어서 빛의 반사 구현을 위해 빛의 각도를 계산하는 스크립트를 작성한다.

스크래치에서 임의의 메시지를 방송하면 모든 스프라이트가 해당 메시지를 받는다. 즉 빛이 거울에 닿는 순간 '반사' 메시지를 방송하면 모든 스프라이트에서 '반사' 메시지를 받게 된다. 따라서 '거울1'과 '거울2'에서 빛의 각도를 계산할 때 자신과 빛이 만난 것인지를 확인해야 한다. 만약 자신이 '빛'에 닿았다면 반사되는 빛의 방향을 구해 '빛의각도'에 저장한다.

게임 미션 완성하기

다음 그림과 같이 스프라이트를 배치하고 발사된 빛이 거울 2개에 반사되어 마녀에게 도달하면 마법사가 '성공'을 빛이 벽 또는 장애물에 부딪히면 마법사가 '실패'를 말하는 게임 프로젝트를 작성하여라.

풀이 p.212

Memo

CHAPTER 12

멘델의 유전법칙

그레고르 멘델은 완두콩을 이용한 7년의 실험을 정리하여 멘델의 유전법칙으로 정리하였다. 멘델은 먼저 이 법칙에 대한 가정을 다음과 같이 제시하였다.

> [가정1] 모든 생물의 유전 형질은 그 성질을 나타나게 하는 유전자가 있으며, 각 개체는 유전자를 쌍으로 가지고 있다.
> [가정2] 완두 모양이 둥근 것의 유전자를 R, 주름진 것의 유전자를 r로 표시할 수 있다. 둥근 콩의 순종 유전자를 RR, 주름진 콩은 rr로 표시할 수 있을 것이다.
> [가정3] 자식은 한 명의 부모가 가지고 있는 2개의 유전자 중 각각의 하나의 유전자만을 받게 된다. 예를 들어, 둥근 완두콩(RR)과 주름진 완두콩(rr)을 교배시키면 자손은 둥근 완두콩(Rr)이 되는데 이렇게 서로 다른 대립 유전자가 만나면 두 가지 대립 형질 중 한 가지 형질만 나타나는데 이 때 드러나는 형질을 우성, 드러나지 않은 형질을 열성이라고 한다.

만약 [가정1]~[가정3]을 기본으로 두 부모가 모두 둥근 완두콩(Rr)일 때 자손은 둥근 완두콩(RR, Rr, rR) 또는 주름진 완두콩(rr)이 3 : 1의 비율로 생겨나게 된다.

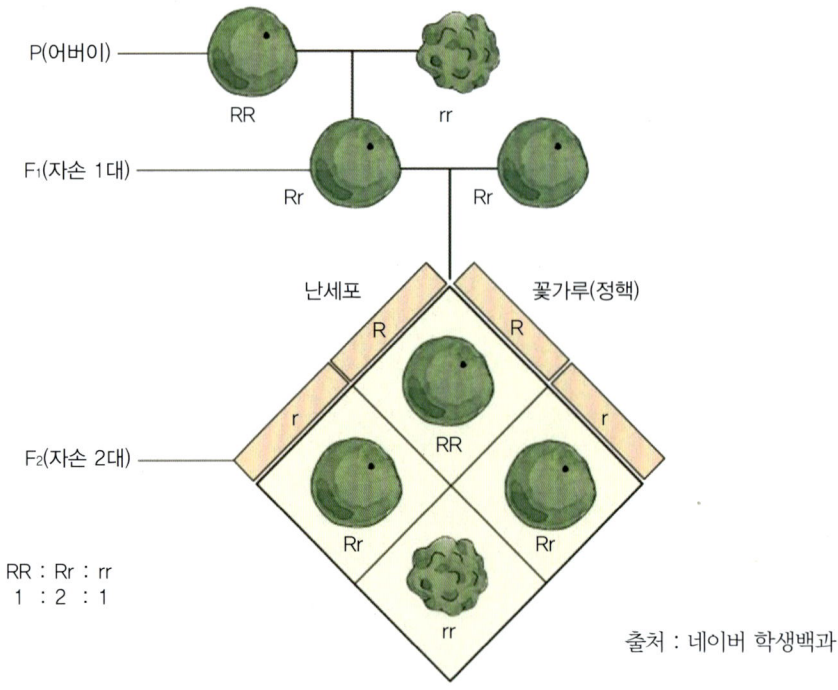

출처 : 네이버 학생백과

이번 장에서는 이러한 멘델의 유전법칙을 구현해 보고자 한다.

SECTION 01 콩 디자인하기

이번 프로젝트에서는 멘델의 유전법칙을 시뮬레이션으로 구현해 보기로 한다.

프로젝트  12_01.sb2

멘델의 유전법칙에 나오는 콩을 직접 나타내 보자. RR, Rr(=rR), rr의 3가지 유전자를 가진 콩을 만든다.

01 스프라이트 1RR이 복제될 위치를 저장하는 리스트인 1RRx, 1RRy, 스프라이트 2Rr이 복제될 위치를 저장하는 리스트인 2Rrx, 2Rry, 스프라이트 2Rr이 복제될 위치를 저장하는 리스트인 3rrx, 3rry, RR 유전자를 가진 개체와 Rr 유전자를 개체의 총합을 저장하는 변수 RR+Rr, rr 유전자를 가진 개체의 수를 저장하는 변수인 rr을 생성한다. 그리고 무대에 다음과 같은 스크립트를 작성하여 사용자가 원하는 만큼 둥근 콩(1RR)과 주름진 콩(3rr)을 복제하게 된다.

02 무대에는 이렇게 생성된 변수의 값이 현재 얼마인지 알 수 있도록 우측 하단에 나타나게 한다.

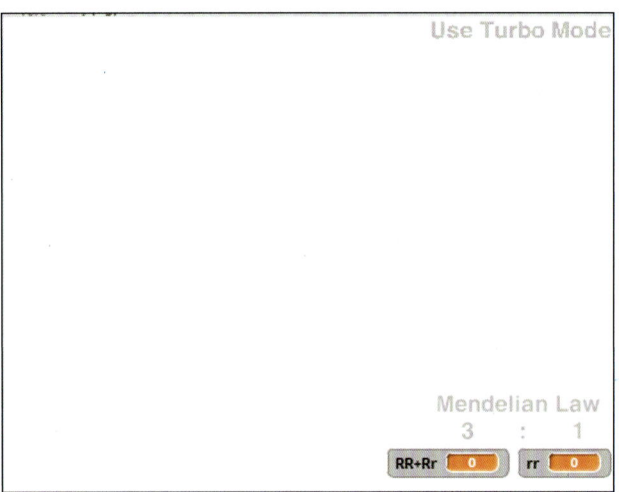

03 스크래치의 스프라이트 이름은 대소문자가 구분되지만 스크립트 작성시 아직 정확히 구분되어 실행되지 않는다. 그러한 이유로 앞에 숫자를 붙여서 1RR, 2Rr, 3rr이라는 이름으로 3종류의 콩 스프라이트를 만든다.

스크래치 2에서는 자기 복제 기능이 생겼지만 자기 자신과 부딪히기(관찰 블록)를 확인하지 못한다. 따라서 자기 자신과의 충돌은 색깔을 이용하고, 다른 스프라이트와의 충돌은 직접 해당 스프라이트와 부딪히고 있는지 확인한다.

자신과의 충돌 확인을 위해서 위 그림처럼 각 스프라이트의 중심에는 콩 색깔과는 다른 색깔로 점을 찍는다.

04 시작 버튼을 누르면 3개의 콩은 모두 보이지 않게 한다.

05 3개의 콩 모두는 복제되었을 때부터 무엇인가가 시작된다. 예를 들어 1RR이 복제되었을 때 리스트 1RRx, 1RRy의 마지막에 저장된 값을 불러와 이를 좌표값으로 설정하고 해당 위치에서 움직이게 된다. 이렇게 사용된 좌표값은 리스트에서 제거된다. 다음 스크립트는 1RR의 스크립트이다. 이와 같은 방법으로 2Rr, 3rr 스프라이트에서도 스크립트를 작성하면 된다.

가장 먼저 변수 RR+Rr에 1을 누적하여 저장한다. 이는 현재 RR 개체수와 Rr 개체수의 합이 어느 정도 되는지를 알기 위한 것이다. 만약 리스트 1RRx의 크기가 0인 경우는 프로젝트를 제일 처음 실행했을 때를 의미하며 이 때에는 무대에서의 시작위치를 난수로 정한다. 이후에는 'move1RR' 메시지를 방송한다.

06 바로 앞에서 살펴본 '1RR' 스프라이트의 스크립트에서 'move1RR' 메시지를 방송했다. 이 메시지는 모든 스프라이트에게 전달되지만 자신인 '1RR' 스프라이트에서 처리하도록 구현했다. 이와 같이 메시지를 자기 자신이 처리하도록 한 이유는 동시에 동작해야 하는 스크립트를 작성하기 위해서다. 이와 유사하게 '2Rr' 스프라이트에서는 'move2Rr' 메시지를 사용하고 '3rr' 스프라이트에서는 'move3rr' 메시지를 사용한다.

다음 첫 번째 스크립트는 벽에 닿으면 튕기며 5만큼 움직이는 동작이고, 두 번째 스크립트는 1~3초마다 방향을 자유롭게 바꾸게 하는 움직임이다.

SECTION 02 유전법칙 적용하기

멘델의 유전법칙을 이해하고 이를 어떻게 스크립트로 만들지에 대해서 고민해보고, 실제 유전법칙이 그대로 재현되는지 관찰해보자.

프로젝트

디자인한 콩에 멘델의 유전법칙을 적용해 보자.

01 '1RR' 스프라이트는 움직이면서 '2Rr', '3rr'을 만날 수 있다. 먼저 프로젝트가 실행되면 '2Rr' 스프라이트는 바로 생성되지는 않기 때문에 '3rr' 스프라이트를 만나게 될 것이다. 그럼 멘델의 유전법칙에서 RR과 rr이 만날 때 어떤 자손이 생길까? 바로 Rr(=rR)이다. 다시 말하자면 '2Rr' 스프라이트가 하나 복제되어야 한다는 의미이다. 이 때 복제되는 '2Rr'의 생성 위치를 위해 '1RR'은 '1RRx' 리스트와 '1RRy' 리스트에 자신의 x, y좌표를 저장해야 한다. 'move1RR' 메시지 방송을 받고 난 후 1초를 기다리는 이유는 '1RR' 스프라이트가 복제되고 생성된 후 이미 충돌한 스프라이트와 떨어지지도 않았음에도 계속해서 복제될 가능성을 줄이기 위함이다(이러한 방법은 사실 1초안에 여러 개의 다른 스프라이트와 충돌하게 되는 경우 정확치 못한 결과를 만들어내기도 한다). '2Rr' 스프라이트를 복제하고 1초 기다리는 이유는 이와 같은 이유이다. 현재 닿은 스프라이트와 떨어질 시간을 주는 것이다.

02 그럼 '1RR' 스프라이트가 자기 자신을 만난다면 어떻게 될까?

멘델의 유전법칙에 의하면 당연히 둥근 콩(RR) 자손이 생길 것이다. 스크래치에서 '자신의 복제 스프라이트에 닿았는가?'라는 블록을 제공한다면 이를 활용하면 되겠지만 아직 이런 스크립트를 제공하지 못한다.

이러한 이유로 색깔을 사용하여 '1RR' 스프라이트의 바깥쪽 검은 색이 중심 색깔인 분홍색에 닿는다면 자신의 복제 스프라이트와 닿는 것이기 때문에 '1RR'을 복제하게 한다.

03 '1RR' 스프라이트가 '2Rr'을 만난다면 어떻게 될까?

모든 경우의 수는 RR, Rr, RR, Rr로 '1RR' 스프라이트 또는 '2Rr' 스프라이트가 같은 비율로 생성된다. '1RR'과 '2Rr'이 만날 때마다 순서대로 RR, Rr, RR, Rr로 만드는 방법보다 충돌할 때마다 난수를 이용하여 1 : 1의 비율로 생성하게 한다. 1~2사이의 난수를 생성하여 '난수'가 1일 경우에는 '1RR'을 '난수'가 2일 경우에는 '2Rr'을 생성하는 것이 이 확률을 프로그래밍으로 바꾸는 핵심 방법이라 할 수 있다. 이로써 스프라이트 '1RR'의 스크립트가 완성되었다.

04 '2Rr'과 '1RR'의 충돌에 대한 처리를 하는 스크립트는 '1RR' 스프라이트에서 작성했으므로 '2Rr' 스프라이트에서는 '1RR'과의 충돌에 대해서는 고려하지 않아도 된다. 그러므로 '2Rr' 스프라이트에서는 자기 자신과의 충돌, 그리고 '3rr'과의 충돌에 대한 스크립트만 작성하면 된다.

다음은 '3rr'과 충돌할 경우에 대한 처리를 하는 스크립트이다. 멘델의 법칙에 의해 Rr과 rr의 생성 비율이 1 : 1이므로 '난수'가 1이면 '2Rr'을, '난수'가 2면 '3rr'이 생성되게 했다.

```
move2Rr (을)를 받았을 때
1 초 기다리기
무한 반복하기
    만약 3rr 에 닿았는가? 라면
        난수 (을)를 1 부터 2 사이의 난수 로 정하기
        만약 난수 = 1 라면
            add x 좌표 to 2Rrx
            add y 좌표 to 2Rry
            2Rr 복제하기
            1 초 기다리기
        아니면
            add x 좌표 to 3rrx
            add y 좌표 to 3rry
            3rr 복제하기
            1 초 기다리기
```

05 '2Rr' 스프라이트가 자기 자신과 충돌할 때에는 조금 복잡해진다. 멘델의 유전법칙에 의해 RR : Rr : rr이 1 : 2 : 1의 비율로 생성되기 때문이다. 이를 위해 '난수'가 1이면 '1RR', '난수'가 2, 3이면 '2Rr', 4이면 '3rr'을 생성되게 해서 1 : 2 : 1 비율이 되도록 했다. '2Rr'의 스크립트가 완성되었다.

06 이번에는 마지막으로 '3rr'의 경우이다. '3rr'은 자기 자신과의 충돌만 생각하면 되며, 모든 경우에 rr을 복제하면 된다. 드디어 프로젝트가 완성되었으니 실행시켜보기 바란다.

SECTION 03 시뮬레이션

이제 실제 프로젝트를 실행해보며 RR+Rr과 rr의 비율이 3 : 1로 생성되는지 확인해보자.

실전 과제

실제 RR+Rr : rr 의 비율은 어떻게 될까?

3 : 1은 둥근 콩(Rr)과 둥근 콩(Rr)이 만났을 때 RR+Rr : rr 의 생성비율이다. 실제 이 프로젝트를 실행하면 어느 정도의 비율이 나오는지 알아내시오.
(스프라이트가 300개를 초과하면 더 이상 만들어지지 않는다. 저자는 2개의 쌍으로 시작하여 프로젝트를 10회 수행한 결과, 최소 2.5 : 1에서 최대 3.5 : 1의 비율로 생성되었다.)

RR : Rr : rr 의 비율은 어떻게 될까?

풀이 p.214 총 10번의 시뮬레이션 결과로 이들의 비율을 알아내시오.

Memo

CHAPTER
13
세포분열

세포분열이란 한 개의 세포가 두 개의 세포로 갈라져 세포의 개수가 불어나는 생명현상을 일컫는다. 이 과정에서 분열되는 세포를 '모세포', 분열 결과 새로 생겨난 세포를 '딸세포'라 한다. 체세포분열은 일반 세포에서 볼 수 있는 분열로, 분열 결과 만들어진 딸세포들은 모세포와 동일하며, 특히 세포의 모든 활동을 지배하는 핵 내의 유전물질은 정확하게 복제되어 두 개의 딸세포에 분배된다. 감수분열은 체세포분열과 비슷한 양상을 띠지만 생식세포를 형성할 때만 일어나는 특수한 분열로서 그 결과 염색체의 수가 체세포에 비해 반으로 감소하는 점이 다르다.

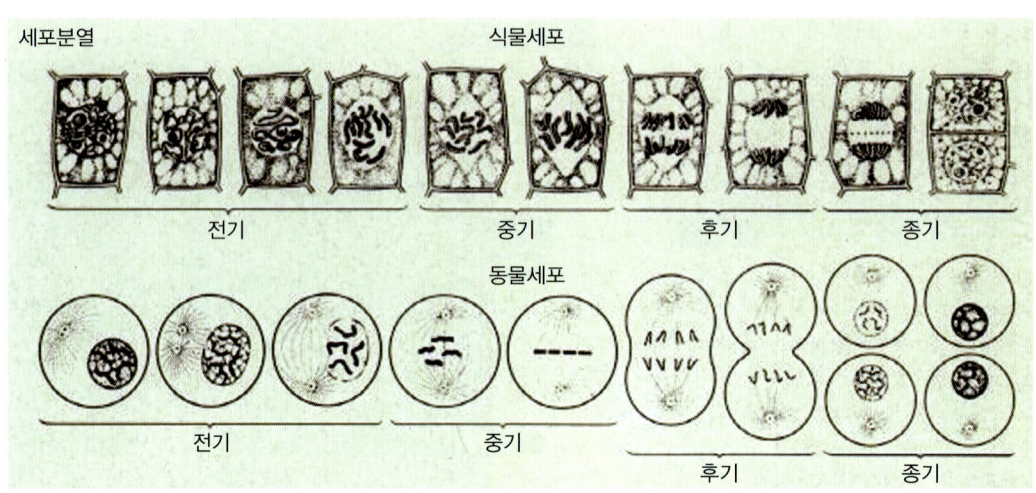

출처: 한국과학창의재단 사이언스올 과학백과사전

이번 프로젝트에서 일반적인 세포분열인 체세포분열에 대한 시뮬레이션을 해보겠다. 분열 단계인 전기, 중기, 후기, 종기에 대한 자세한 사항은 알지 못하더라도 개체수가 어떻게 증가될 것인지에 대한 예측은 해볼 수 있을 것이다. 예를 들어 처음에 1개였던 세포가 세포분열로 2개가 되고, 이것은 다시 4개의 세포가 될 수 있다.

이번 장에서는 이러한 세포분열을 실제로 구현해 보고자 한다.

SECTION 01 세포분열

이번 프로젝트에서는 세포가 분열되는 과정을 시뮬레이션하기 위해 코딩을 할 것이다. 사실 아주 간단한 스크립트이기도 하다. 하지만 이와 같은 문제해결 방법을 통해 얻을 수 있는 것은 한 가지 문제를 해결하기 위해서 어떠한 아이디어를 창의적으로 도출할 수 있는가일 것이다.

프로젝트

13_01.sb2

세포를 그리고 이 세포들이 분열하되, 이전에 만들어진 세포들도 동시에 분열하는 시뮬레이션을 만들어보자.

01 이 프로젝트를 처음 접하는 사람들에게 세포분열에 대한 내용을 소개를 해야 할 것이다. 세분분열은 세포의 종류에 따라 각 분열 과정에 걸리는 시간이 다르다. 그래서 이 프로젝트에서는 이것에 대한 가정이 필요하다. 한 번의 세포분열에 하루라는 시간이 걸린다고 가정하자. 무대에 캐릭터 하나를 가져놓고 전체적인 이 프로젝트에 대해 소개한다. 소개 글은 다음과 같이 세 문장으로 한다.

> - 세포분열은 하나의 모세포가 두 개의 딸세포로 분열/증식하는 현상입니다.
> - 한 번의 세포분열은 하루가 걸린다고 합시다.
> - 7일간의 세포분열 과정을 지켜봅시다.

이 소개 글 중에 세포분열 과정을 7일간만 지켜보자는 이유는 스크래치에서 시뮬레이션 시에 복제된 스프라이트가 너무 많아지면 실행 속도가 상당히 느려지기 때문에 7일 정도로 제한을 두었다.

소개 글 다음에는 'start' 메시지 방송을 통해 세포분열을 본격적으로 시작할 수 있도록 다른 스프라이트에게 알린다.

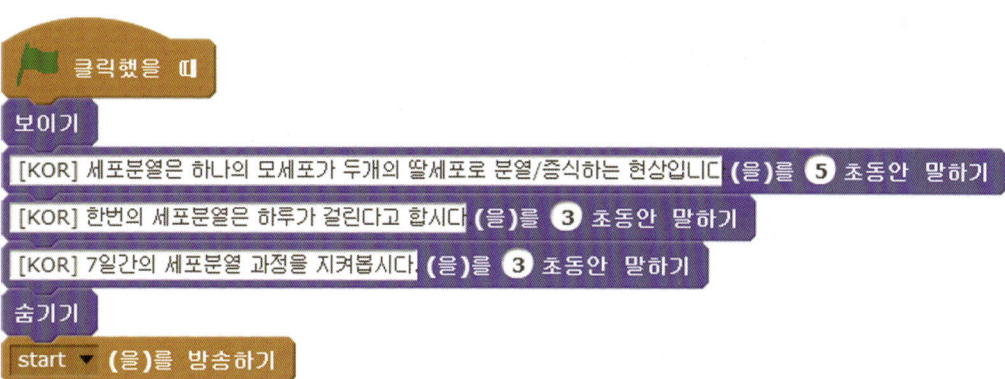

02 이 프로젝트에서 필요한 변수는 2개인데 다음은 변수에 대한 설명이다.

> - DAY : 며칠이 지났는지를 알려주는 변수이다. 처음은 0으로 세팅되어 있고, 4초마다 하루가 지나고 하루가 지날 때마다 1이 누적된다. 이 프로젝트에서는 하루가 지나면 세포가 분열된다. 7일째 변수와 관련된 스크립트는 멈추게 된다.
> - Cells : 현재 세포 수를 나타낸다. 처음은 1이며 세포가 복제될 때마다 1씩 누적된다.

이 두 변수를 이용하면 하루가 지날 때마다 세포 수가 어떻게 바뀌는지 알 수 있게 된다. 이 스크립트에서 한 가지 주목할 것은 하루가 지날 때마다 'Division'이라는 메시지를 방송한다는 것이다. 이 방송은 세포를 나타내는 스프라이트가 받아 자기 자신을 복제하게 된다.

03 이 프로젝트의 시뮬레이션은 숫자로만 나타내는 것이 목적이 아니라 실제 세포들이 분열되는 모습을 보여주려는 것이다. 먼저 다음과 같이 세포를 나타내는 'CELL' 스프라이트를 만든다.

04 'CELL' 스프라이트는 시작 버튼을 누르면 (0, 0) 좌표로 이동한다. 'Division' 메시지를 받으면 자기 자신을 복제하게 된다. 그리고 복제될 때 'Cells' 변수 값을 1씩 누적한다.

05 이 상태에서 프로젝트를 실행해 보면 변수들은 제대로 작동한다. 하지만 세포들의 복제가 제대로 이루어지는지 알 수 없다. 그 이유는 복제를 한 스프라이트들이 모두 (0, 0) 좌표에 위치하기 때문이다. 그러면 복제되는 스프라이트들이 다른 스프라이트들과 겹치지 않게 나열하려면 어떻게 하면 좋을까? 가장 쉽게 떠오르는 방법은 움직이게 하는 것이다.

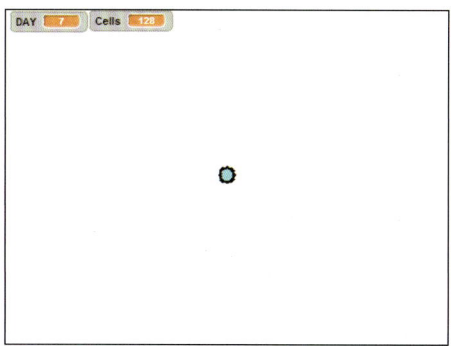

06 프로그래밍에서 이러한 문제가 생겼을 때 다양한 방법으로 해결할 수 있지만 현재 스크래치 버전에서 적절한 방법은 '색깔'을 이용한 충돌 감지 방법이라고 생각된다. 'CELL' 스프라이트를 다음 그림처럼 바꿔보자. 이렇게 바꾼 이유는 4개의 방향으로 충돌을 감지할 수 있도록 하고 충돌이 감지되면 튕기는 효과를 나타내기 위해 x, y좌표를 이동시킬 것이다.

07 'CELL' 스프라이트의 '복제되었을 때' 스크립트에 충돌을 감지하는 부분을 추가하였다. 다음은 'CELL' 스프라이트 색깔 경계선들이 다른 스프라이트의 중심에 있는 하늘색에 닿을 경우에 튕기게하는 효과를 나타내게 하는 것이다.

> 첫째, 빨간색이 하늘색에 닿았을 때, 우측 하단으로 이동하게 한다.
> 둘째, 분홍색이 하늘색에 닿았을 때, 좌측 상단으로 이동하게 한다.
> 셋째, 주황색이 하늘색에 닿았을 때, 좌측 하단으로 이동하게 한다.
> 넷째, 파란색이 하늘색에 닿았을 때, 우측 상단으로 이동하게 한다.

그리고 완전히 겹쳤을 경우 서로 튕기는 효과를 구현하기 위해, 하늘색이 하늘색에 닿을 경우 x, y좌표를 난수를 이용하여 떼어놓게 한다. 이런 내용을 반영하여 구현한 스크립트는 다음과 같다.

```
복제되었을 때
Cells를 1 만큼 바꾸기
x좌표를 -3 부터 3 사이의 난수 만큼 바꾸기
y좌표를 -3 부터 3 사이의 난수 만큼 바꾸기
무한 반복하기
    만약 색이 색에 닿았는가? 라면
        x좌표를 -3 부터 3 사이의 난수 만큼 바꾸기
        y좌표를 -3 부터 3 사이의 난수 만큼 바꾸기
    만약 색이 색에 닿았는가? 라면
        x좌표를 3 만큼 바꾸기
        y좌표를 -3 만큼 바꾸기
    만약 색이 색에 닿았는가? 라면
        x좌표를 -3 만큼 바꾸기
        y좌표를 3 만큼 바꾸기
    만약 색이 색에 닿았는가? 라면
        x좌표를 -3 만큼 바꾸기
        y좌표를 -3 만큼 바꾸기
    만약 색이 색에 닿았는가? 라면
        x좌표를 3 만큼 바꾸기
        y좌표를 3 만큼 바꾸기
```

SECTION 02 시뮬레이션

01 이제 실제 프로젝트를 실행해보며 하루가 지날 때마다 세포가 분열되는지 확인해보자.

DAY: 0 Cells: 1

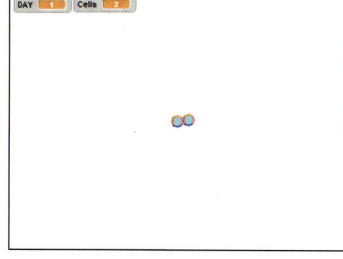

DAY: 1 Cells: 2

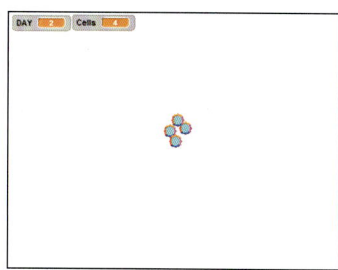

DAY: 2 Cells: 4

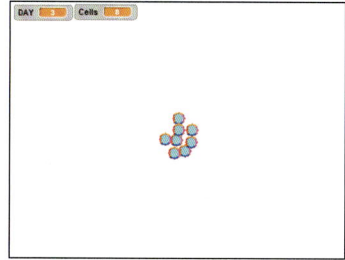

DAY: 3 Cells: 8

DAY: 4 Cells: 16

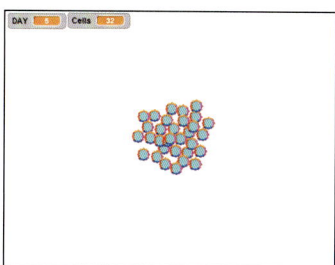

DAY: 5 Cells: 32

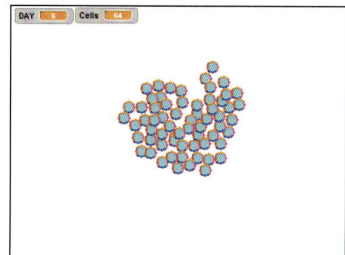

DAY: 6 Cells: 64

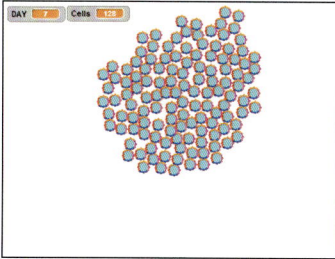

DAY: 7 Cells: 128

02 이러한 시뮬레이션이 흥미로운 것은 매번 실행할 때마다 세포 분열된 최종 모습이 각기 다르다는 점이다. 다음 그림은 세 번의 시뮬레이션 결과로 7번째 날 세포 분열된 모습을 서로 비교한 그림이다.

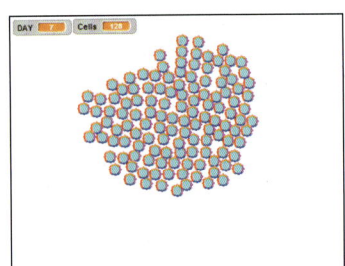 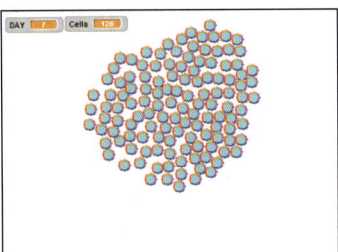 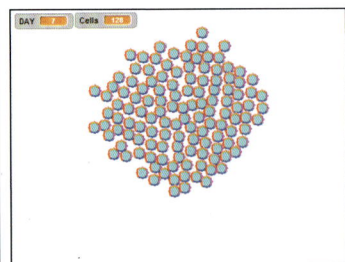

'복제'가 아닌 펜 블록 이용하여 구현하기

복제를 이용한 시뮬레이션은 스프라이트가 많아질수록 실행 속도가 현저히 떨어진다. 이러한 단점을 보완하기 위해서는 어떤 방법이 있을까? 우리가 만든 이 프로젝트를 펜 블록들을 이용하여 구현할 수 있을까? 이를 위해서 또 어떠한 아이디어를 생각해내야 할지 고민해보아라.

풀이 p. 215

CHAPTER

14

태양의 고도와 그림자의 길이

태양의 높이를 나타내는 태양의 고도는 지면과 태양이 이루는 각을 말한다. 그렇다면 태양과 지면이 이루는 각은 어떻게 측정할 수 있을까? 아마 거대한 각도기가 있다면 가능하겠지만 현실적으로 불가능하다. 그러한 각도기를 사용하는 것보다 더 간단하고 편리한 방법이 있다.

운동장에 막대를 수직으로 세워놓은 후 막대가 만드는 그림자의 끝과 막대의 끝을 실로 연결한 후 그림자와 실이 이루는 각도를 측정하면 바로 태양의 고도가 된다. 지금부터 태양의 고도의 변화에 따른 그림자 길이 변화에 대하여 알아보는 프로젝트를 만들어 보자.

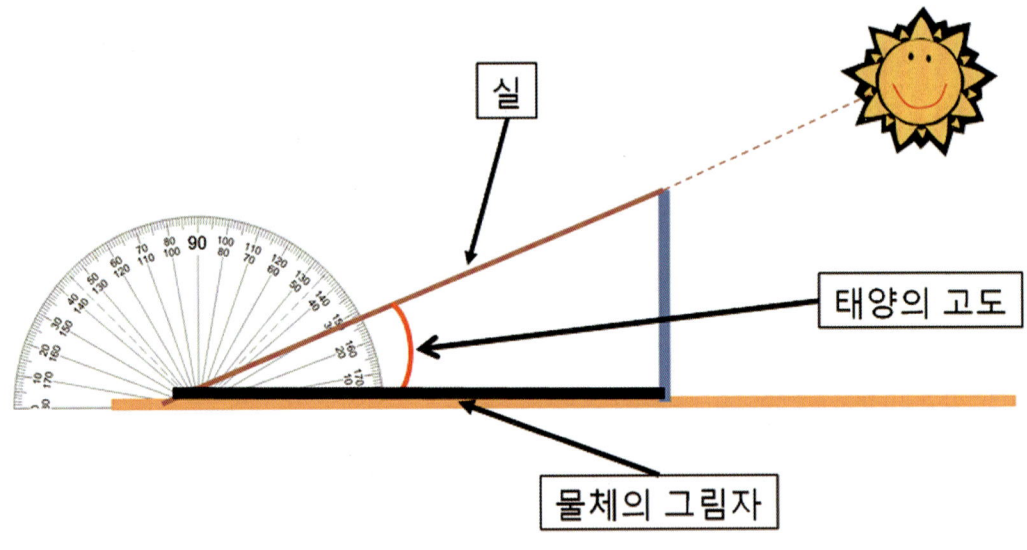

SECTION 01 물체의 그림자 그리기

태양의 고도를 측정하기 위해 물체의 그림자의 끝 위치를 알아야 한다. 태양의 위치가 정해지면 태양으로부터 오는 빛의 움직임과 함께 물체의 그림자를 그리는 프로젝트를 작성하여 보자.

프로젝트 14_01.sb2

태양의 고도가 정해지면 태양에서 빛이 나오고 물체의 그림자가 만들어 진다.

01 빈 무대에 지면을 표현하기 위해 직사각형 모양의 스프라이트를 만든 후 무대에 배치한다. 그리고 새롭게 만든 스프라이트의 이름을 '지면'으로 바꾼다. 그리고 모양 중심 설정하기 버튼을 이용하여 스프라이트의 가장 위쪽의 가운데가 중심이 되도록 중심을 이동하여 준다.

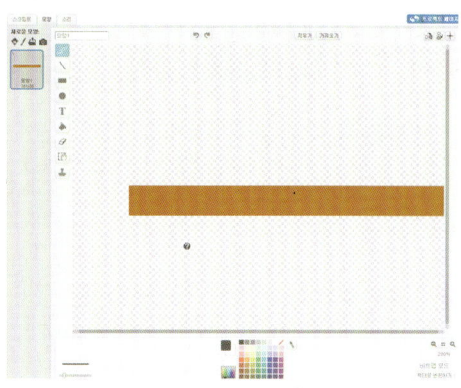

그리고 시작 버튼을 누르면 무대의 특정위치에 스프라이트를 배치하기 위하여 (-50, -150) 좌표로 이동하도록 한다.

02 라이브러리의 'Sun'을 이용해서 스프라이트를 생성한 후 크기를 적당하게 줄인다. 시작 버튼을 누르면 (-200, -90) 좌표로 이동하도록 한다.

03 태양의 고도가 위쪽 방향키와 아래쪽 방향키에 의해 변환될 수 있도록 하는 스크립트를 작성한다. 위쪽 방향키를 누르면 위쪽으로 2만큼씩 이동하고, 아래쪽 방향키를 누르면 아래쪽으로 1만큼씩 이동하도록 한다.

 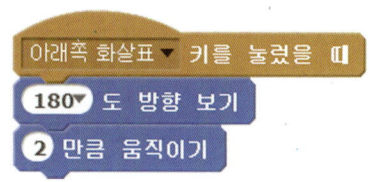

04 그림자가 생기게 할 검은색 막대 모양의 '물체' 스프라이트를 만든다.

그리고 무대에 보이는 막대를 지면에 닿게 끌어다 놓는다.

05 방향키를 이용하여 태양의 위치를 위쪽 아래쪽으로 움직여 태양의 고도가 정해지면 태양의 위치가 정해 졌다는 것을 알려줘야 한다. 스페이스바 키를 누르면 '빛그리기' 메시지를 방송한다.

06 '빛그리기' 메시지를 받으면 태양의 빛이 물체 쪽으로 비치는 모습을 나타내기 위해 태양빛의 움직임을 나타낼 '빛' 스프라이트를 생성한다.

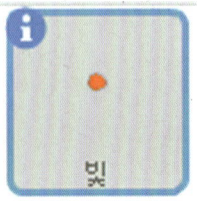

07 '빛' 스프라이트는 'Sun' 스프라이트로부터 '빛그리기' 메시지를 받아야만 동작해야 한다. 그러므로 시작 버튼을 누르면 사라졌다가 '빛그리기' 메시지를 받으면 태양 위치에 나타나도록 한다.

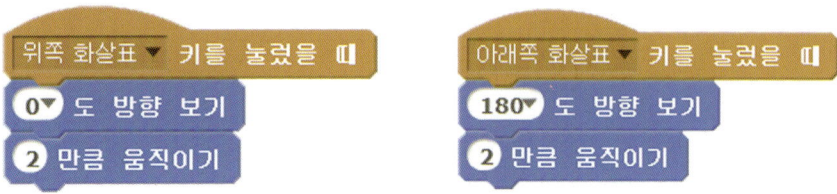

08 그림자를 그리기 위해서는 태양 빛이 '물체' 스프라이트의 가장 윗부분을 지나 지면까지 향해야 한다. 물체의 가장 윗부분을 향하게 하기 위해서는 '물체' 스프라이트의 중심을 '물체' 스프라이트의 가장 윗부분에 오도록 해야 한다. 그리고 '빛' 스프라이트가 '물체' 쪽으로 향하도록 방향을 조정한다.

09 'Sun' 스프라이트에 위치한 '빛' 스프라이트가 '물체'의 끝을 지나 지면까지 움직이며 빛을 그리기 위해 펜을 사용한다. 그리고 빛의 색상을 표현하기 위해 펜 색은 붉은 색으로 정해준다. 그리고 '물체'의 끝 방향으로 이동하면서 지면까지 선을 그리도록 한다. 선을 그리는 과정에서 지면에 닿으면 멈추어야 하므로 지면에 닿았는지 확인한다. 이렇게 스크립트를 작성하면 'Sun' 스프라이트를 출발한 '빛' 스프라이트는 '물체' 스프라이트의 끝을 향하여 지면까지 빛의 움직임을 선으로 나타내게 된다. 빛의 직진을 표현하고 나면 펜을 올려준다. 그리고 '그림자그리기' 메시지 방송하기를 통해 그림자를 그리는 동작을 하도록 알려준다.

10. '그림자그리기' 메시지를 받으면 물체의 아래쪽 끝에서부터 지면에 빛이 닿은 곳까지 그림자를 그려야 한다. 그림자를 그리기 위한 '그림자' 스프라이트를 생성한다.

11. '그림자' 또한 '그림자그리기' 방송을 받기 전까지는 숨겨야 한다. 그리고 그림자를 그리기 시작하기 위해서는 '물체' 스프라이트와 '지면' 스프라이트가 만나는 지점으로 이동해야 한다. 무대에서 '그림자' 스프라이트를 '물체'와 '지면' 스프라이트가 만나는 지점으로 이동시키고 다음과 같은 스크립트를 작성한다. 단, (x, y) 좌표는 스프라이트의 위치에 따라 다르니 위치를 확인하여 작성해야 한다.

12 펜을 사용해서 '그림자' 스프라이트가 '빛' 스프라이트와 '지면' 스프라이트가 만난 곳까지 그림을 그릴 수 있도록 한다. 그림자 색상은 검정색, 굵기는 10으로 지정하여 '빛' 스프라이트에 닿을 때 까지 그려주면 된다. 그리고 '알리기' 메시지를 방송한다.

 **SECTION 02** 그림자의 길이, 태양의 고도 계산하기

이 장의 시작 부분에서 밝힌 것과 같이 태양의 고도를 측정하는 것은 그리 어렵지 않다. 태양의 고도를 측정하기 위해서는 운동장에 막대를 수직으로 세워놓은 후 막대가 만드는 그림자의 끝과 막대의 끝을 실로 연결한 후 그림자와 실이 이루는 각도를 재면 바로 태양의 고도가 된다. 지금까지 수행한 프로젝트를 실행하여 보면 다음과 같이 태양의 위치에 따라 빛의 움직임이 표시되고 그림자가 나타나게 된다.

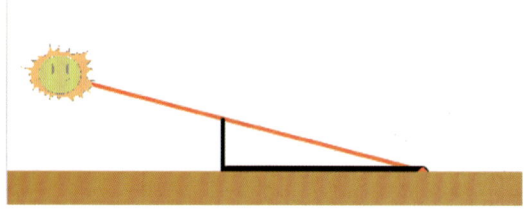

그림자의 끝과 물체의 끝 그리고 그림자를 이으면 직각삼각형이 된다. 이때 밑변과 빗변사이의 각 즉 태양의 고도를 알기 위해서는 삼각비를 이용하여 구할 수 있다.

직각삼각형에서 두 변의 길이의 비를 삼각비라고 한다. 즉 태양의 고도를 알기 위해서는 cos를 구하여야 하는데 높이나 밑변은 좌표의 뺄셈으로 구할 수 있지만 빗변의 길이는 피타고라스의 정리를 이용하여 구한다.

오른쪽 그림과 같이 ∠C=90도인 직각삼각형 ABC가 있을 때 사인(sin), 코사인(cos), 탄젠트(tan)의 정의는 다음과 같다.

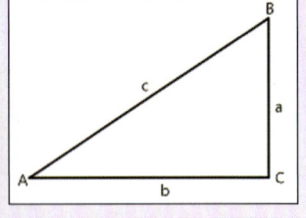

피타고라스의 정리란 다음과 같이 직각삼각형에서 직각을 낀 두 변의 길이의 제곱의 합은 빗변의 길이의 제곱과 같다는 것이다.

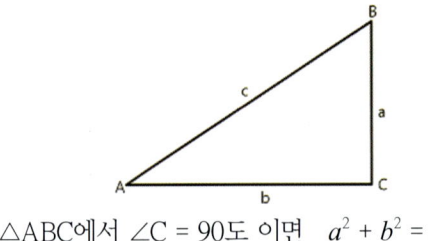

△ABC에서 ∠C = 90도 이면 $a^2 + b^2 = c^2$

이번 절에서는 피타고라스의 정리와 삼각비를 이용하여 태양의 고도를 구해 보자.

프로젝트

그림자의 길이와 태양의 고도를 계산해서 알려준다.

01 앞에서 사용한 연필 스프라이트를 사용한다. 프로젝트를 시작할 때 기존 그림을 지운다.

02 그림자의 길이를 측정하기 위하여서는 '그림자' 스프라이트가 마지막 도착한 곳, 즉 그림자 끝의 x좌표와 '물체' 스프라이트의 x좌표가 필요하다. '그림자' 스프라이트의 x좌표에서 '물체' 스트라이프의 x좌표를 빼면 그림자의 길이가 되기 때문이다.

이를 위해 '물체' 스프라이트에 '물체_x' 변수에 '물체' 스프라이트의 x좌표를 저장하는 스크립트를 추가하고, '그림자' 스프라이트에 '그림자_x' 변수에 '그림자' 스프라이트의 x좌표를 저장하는 스크립트를 추가한다.

```
스페이스 키를 눌렀을 때
물체_x (을)를 x 좌표 로 정하기
물체_y (을)를 y 좌표 로 정하기
```

```
그림자그리기 (을)를 받았을 때
x: -70 y: -150 (으)로 가기
보이기
펜 내리기
펜 색깔을 ■ (으)로 정하기
펜 굵기를 10 (으)로 정하기
빛 에 닿았는가? 까지 반복하기
    10 만큼 움직이기
펜 올리기
그림자_x (을)를 x 좌표 로 정하기
그림자_y (을)를 y 좌표 로 정하기
알리기 (을)를 방송하기
```

03 'boy1' 스프라이트로 이동해서 그림자의 길이를 저장할 '길이' 변수를 만든다. 그림자의 길이를 알기 위하여 그림자의 x좌표 값에서 물체의 x좌표 값을 뺀 값을 '길이' 변수에 저장한다. 그리고 그림자의 길이를 말한다.

```
알리기 (을)를 받았을 때
길이 (을)를 그림자_x - 물체_x 로 정하기
그림자의 길이는 과 길이 을(를) 결합하기 과 입니다. 을(를) 결합하기 (을)를 2 초동안 말하기
```

Chapter 14 태양의 고도와 그림자의 길이

04 태양의 고도를 알기 위하여서는 그림자의 끝에서 물체의 끝까지 선을 그었을 때 그 사잇각을 알아야 한다. 그러기 위해서는 그림자의 끝에서 물체의 끝까지 길이를 알아야 하는데 그 길이를 구하기 위해서는 피타고라스의 정리를 이용해야 한다. 즉, 밑변의 길이의 제곱에 지면에서 물체의 길이의 제곱을 더한 후 제곱근 값을 구하면 된다. 밑변의 길이는 그림자의 길이이므로 그림자의 길이를 밑변으로 사용하고 높이는 '물체'의 y좌표에서 '지면'의 y좌표를 빼면 된다. '물체' 스프라이트의 y좌표를 저장할 변수 '물체_y'와 지면 스프라이트의 y좌표를 저장할 '지면_y' 변수를 만든다. 그리고 뺀 값을 '높이' 변수에 저장한다.

그러면 빗변을 구할 수 있는데 '빗변' 변수에 [제곱근 of 밑변 * 밑변 + 높이 * 높이] 을 저장한다.

05 마지막으로 태양의 고도를 구하기 위하여 앞에서 구한 빗변와 높이의 비를 구한다. 그리고 이 비의 값에 대한 cos값을 저장할 '고도' 변수를 만들어 [cos of 밑변 / 빗변] 을 저장한다. 그리고 계산된 고도, 즉 지면과 태양이 이루는 각도를 말한다. 드디어 프로젝트가 완성되었다.

CHAPTER

15

에너지의 변환

놀이 공원에 가면 항상 환호성이 들리는 롤러코스터! 출발하면 높은 곳을 향해 올라가다가 어느 순간 바닥을 향해 쏜살같이 내려가다 보면 누구나 한번쯤 소리를 지르게 된다. 과연 롤러코스터는 그 많은 사람과 무거운 기구를 출발부터 도착할 때까지 얼마나 많은 힘을 필요로 할까? 정답은 의외로 많은 힘을 필요로 하지 않는다. 바로 놀이기구가 높은 곳에서 갖게 되는 위치에너지를 다른 에너지로 변환하기 때문이다. 이 장에서는 이와 같이 위치에너지가 다른 에너지로 변환되는 원리를 알아보고 스크래치로 구현해보자.

SECTION 01 에너지의 변환 과정 이해하기

이 장에서는 높은 곳에 위치한 공이 떨어지면서 에너지가 변환되는 과정을 이해하고 스크래치로 구현해본다. 먼저 에너지의 변환 과정을 다음 그림을 통해 살펴보자.

① 공은 처음 낙하하는 지점으로 정지되어 있는 상태이다. 이 상태에서는 지구가 공을 끌어당기는 힘인 중력만 작용한다. 이와 같이 정지되어 있는 상태에서 높은 곳에 위치한 물체는 중력으로 인해 언제든지 운동할 수 있는 잠재적인 힘을 갖게 된다. 이와 같은 힘(에너지)을 위치에너지라고 한다.

②~⑤ 공이 떨어지기 시작하면 움직이기 시작한다. 즉 운동을 시작하는데 이 때 갖는 에너지를 운동에너지라고 한다. 물체는 중력으로 인해 1초가 지날 때마다 약 10m/초씩 속력이 증가한다. 물론 바람이나 다른 힘의 영향은 고려하지 않은 경우이다. 속력과 시간과의 관계를 그래프로 나타내면 다음과 같다.

속력이 서서히 증가하기 때문에 그래프에서 이동거리는 시간과 속력으로 표현되는 삼각형의 넓이와 같다. 예를 들어 3초가 지난 경우 속력은 30m/초이므로 이동거리는 속력×시간÷2로 구해보면 45m가 된다.

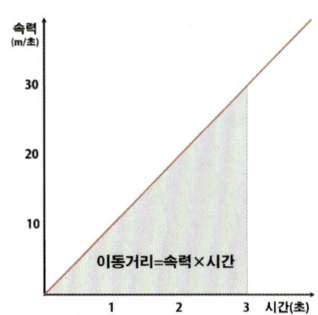

⑥ 하지만 공이 낙하하다가 지면에 닿는 순간 부딪히는 소리와 모양의 변형 등으로 인해 공이 갖고 있던 에너지가 소모된다. 따라서 본 설명에서는 앞서 과정에서 지면에 닿는 순간 공의 속력은 40m/초였지만, 에너지가 소모되어 튕겨 오르는 순간의 속력은 30m/초라고 가정한 것이다.

⑦~⑨ 공이 튕겨 오르면서 초당 움직임을 나타낸 것으로 결국 처음 낙하할 때의 지점까지 도달하지 못함을 알 수 있다.

이와 같은 에너지의 변환 과정 원리를 스크래치로 구현해 보자.

 SECTION 02 에너지의 변환 과정 구현하기

사용자의 마우스 위치를 따라 움직이다가 클릭하는 순간 자유 낙하하는 농구공의 움직임을 표현하는 프로젝트를 완성해보자. 자유낙하를 시작하는 순간 시간이 지남에 따라 이동거리가 점점 늘어남을 보여주어야 한다.

프로젝트 15_01.sb2

자유 낙하하는 농구공의 움직임을 만들어보자.

01 라이브러리의 'Basketball'을 이용해서 '농구공' 스프라이트를 만든다.

Basketball

02 시작 버튼을 누르면 농구공이 마우스를 따라 움직이다가 클릭하는 순간 움직임을 멈추고 다음 블록을 실행할 수 있도록 한다. '이동변화량' 변수를 만들고 초기 값으로 5를 저장한다. '이동변화량'은 농구공이 점점 빠르거나 느리게 이동할 때 벌어지는 간격을 정하는 변수이다. 그리고 농구공이 낙하하도록 '튕기기' 메시지를 방송한다.

03 '튕기기' 메시지를 받으면 '힘'이란 변수에 0을 저장한다. '힘'은 농구공이 다음 얼마만큼 움직일 것인지 결정하는 변수로 '이동변화량'의 값이 계속 누적된다. 즉 '힘'의 초기 값은 0이지만 5, 10, 15와 같이 계속 값이 커지게 된다.
다음 스크립트를 통해 농구공은 아래로 움직이게 된다.

벽에 닿을 때까지 반복 블록 안의 명령들이 실행되면서 변수 값과 농구공의 y좌표는 다음과 같이 변하게 된다.

반복횟수	힘의 값		농구공 y좌표(예)
	변경 전	변경 후	
1	0	−5	140 → 135
2	−5	−10	135 → 125
3	−10	−15	125 → 110
4	−15	−20	110 → 90

반복되는 횟수가 많아질수록 농구공의 y좌표는 점점 크게 값이 줄어드는 것을 확인할 수 있는데, 이는 농구공이 점점 빠르게 아래로 움직이는 것을 의미한다. 이와 같이 계속 반복하다가 아래 벽에 닿는 순간 반복 블록을 빠져 나오게 된다.

04 농구공이 땅에 닿았다가 튀어 오르기까지 모양이 변형되는 시간이 소모된다. 따라서 아래 스크립트를 사용하여 잠시 기다린다.

05 농구공이 튀어 오르는 움직임은 다음 스크립트와 같다.

반복 블록 안의 명령들이 실행되면서 변하는 변수 값과 농구공의 위치를 살펴보자.

반복횟수	힘의 값		농구공 y좌표(예)
	변경 전	변경 후	
1	-20	-15	90 → 105
2	-15	-10	105 → 115
3	-10	-5	115 → 120
4	-5	0	120 → 120

03 단계 표에서 '힘'의 최종 값은 -20이었다. 농구공이 튀어 오르는 순간에 '힘' 변수에 '이동변화량'만큼 더하여 값을 변경한 후 농구공의 y좌표를 이동시킨다. 이와 같은 과정을 통해 농구공은 처음 출발한 위치에 도달하지 못한다. 즉 땅에 닿는 순간 부딪히는 소리와 모양의 변형 등으로 소모되는 에너지로 인해 출발 위치에 도달하지 못하는 것이다. '힘' 변수의 값이 0이 되는 순간(농구공이 튀어 올라 최고점에 도달하는 순간) 반복 블록을 빠져 나오면서 튀어 오르는 동작이 완료된다.

06 03~05 단계의 스크립트는 공이 낙하하고 튀어 오르는 동작을 1회 실시한다. 따라서 공이 계속 튀기는 동작을 구현하기 위해서 다음과 같은 스크립트를 작성한다.

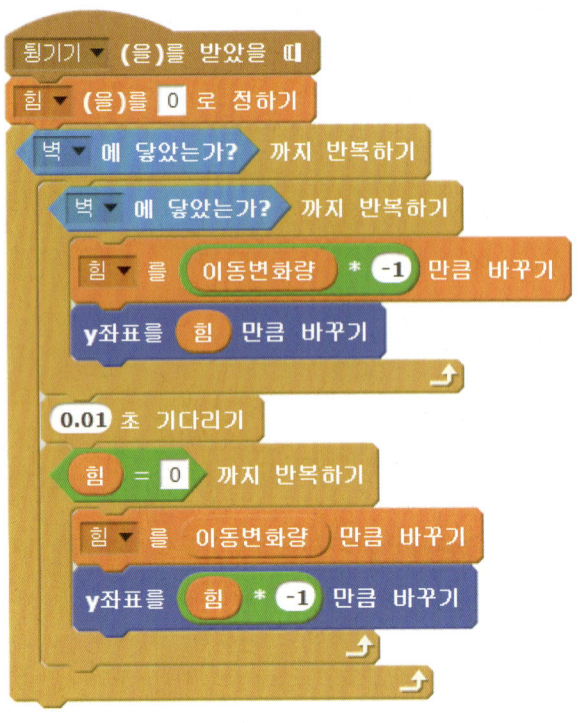

'튕기기' 방송을 받는 순간 '힘' 변수의 값을 0으로 초기화한 후 벽에 닿는 순간까지 03~05 단계에서 작성한 스크립트를 반복한다.

정교한 공의 움직임 표현하기

이번 장에서 작성한 스크립트를 실행하면 다음 그림과 같이 농구공이 튀어 오르는 과정에서 벽보다 밑으로 내려가는 문제점이 생긴다. 농구공이 어떤 위치에서 떨어지든지 관계없이 항상 아래 벽보다 밑으로 내려가지 않도록 정교하게 튀어 오르는 공의 움직임을 완성해 보이는 프로젝트를 작성하여라.

풀이 p. 218

CHAPTER
16

미사일 발사 게임 (1)

영화에 나오는 미사일을 본 적이 있을 것이다. 미사일은 어떻게 정확하게 목표를 맞출 수 있는 것일까? 첨단의 기술을 갖지 못한 과거에는 어떻게 미사일이나 대포를 정확하게 날릴 수 있었던 것일까? 미사일을 날리는 각도와 날아간 거리에는 어떤 관계가 있는 것일까? 16~18장에서는 이러한 내용에 대해 살펴보고 게임을 만들어 본다.

미사일은 발사 각도에 따라 날아가는 동안 높이와 비행 거리, 자세(각도)를 바꾸게 된다. 미사일은 물리 법칙에 따라 발사각도가 90도에 가까울수록 높이 날게 되고, 45도에 가까울수록 멀리 날게 된다. 이번 게임 제작에서 미사일의 운동은 다음과 같은 조건을 만족하도록 한다.

[조건 1] 미사일의 발사 각도는 0~90도 사이의 값을 입력 받아 사용한다.
[조건 2] 발사 각도에 따라 미사일의 비행 높이, 비행 거리, 자세가 변화를 하게 된다.
[조건 3] 미사일은 날아가면서 비행 흔적을 남기고, 추락 지점에 미사일 흔적을 남긴다.

SECTION 01 날아가는 미사일 만들기

프로젝트   16_01.sb2

미사일을 단순히 x좌표와 y좌표를 1씩 변화시키며 날려보자.

01 라이브러리의 'Spaceship'을 이용해서 스프라이트를 생성하고, 무대의 배경을 'moon'으로 설정한다.

02 무대 스크립트를 작성한다. '가중치'라는 변수를 만들고 프로그램이 실행되었을 때 100으로 초기화 시킨다. 이 '가중치' 변수는 'Spaceship' 스프라이트가 발사 되었을 때 최대로 올라가는 높이를 나타낸다. 프로그램에서 전반적으로 사용하는 변수의 경우 무대에서 일괄적으로 시작 시 초기화를 시켜주는 것이 스크립트 작성에 효율적이다.

03 이번에는 'Spaceship' 스프라이트의 스크립트를 작성한다. 프로그램이 시행되면 'Spaceship' 스프라이트의 시작 방향과 시작 위치가 일정하도록 지정을 해주며 발사 전에 실행되는 '발사준비를 0.5초 동안 말하기', '발사를 1초 동안 말하기'와 같은 준비 동작들을 지정해 준 후 실제 발사와 관련된 명령어 집합을 실행시키기 위하여 '발사' 메시지를 방송한다. 그리고 발사하는 효과음인 'pop' 소리내기를 실행시킨다.

04 '발사' 메시지를 받으면 'Spaceship' 스프라이트의 x좌표는 증가시키며 y좌표를 '가중치' 변수에 설정된 값만큼 증가시켰다가 원 상태로 감소시키게 된다. 'Spaceship' 스프라이트의 비행이 끝나면 효과음 'pop'을 실행시킨다.

SECTION 02 미사일의 흔적 남기기

프로젝트

16_02.sb2

날아가는 미사일의 비행 궤적을 알기 위하여 흔적을 남겨보자.

01 무대 스크립트를 수정한다. 프로그램이 완성되어 실행이 되었을 때 무대에 비행 궤적이 그려져 있을 것이기에 새로이 시작 되었을 경우 그 궤적을 지우기 위해 '지우기' 블록을 추가시킨다.

02 'Spaceship' 스프라이트 스크립트도 수정한다. 발사 이전 준비 단계는 앞에서 만든 블록과 동일하며, 발사를 실행하는 블록 집합의 시작부분에 '펜 내리기' 블록과 '펜 색상을 30만큼 바꾸기' 블록을 추가시킨다. '펜 색상을 30만큼 바꾸기' 블록은 프로그램이 실행 될 때마다 그려지는 흔적의 색을 달리하기 위한 것이고, '펜 내리기' 블록을 통하여 'Spaceship' 스프라이트가 움직였을 때 흔적이 그려지게 된다. 비행이 종료가 되면 흔적을 그만 그리기 위하여 '펜 올리기' 명령을 실행시키며 비행 종료 지점을 표시하기 위하여 '도장' 명령을 실행시킨 후 원래의 위치로 돌아간다.

03 그림과 같이 'Spaceship' 스프라이트는 비행 궤적을 남기고 비행 종료 지점에 자신의 도장을 찍은 후 처음의 위치로 돌아간다.

SECTION 03 날아가는 동안 자세 바꾸기

프로젝트
16_03.sb2

미사일이 날아가는 동안에 미사일의 자세를 변화시켜 보자.

01 미사일의 자세는 'Spaceship' 스프라이트의 스크립트를 수정해야 한다. 단순히 x좌표와 y좌표의 값을 1씩 변화를 시키는 것은 'Spaceship' 스프라이트가 45도로 비행을 하는 것과 같으므로 발사 준비 단계에 '방향+45도 방향 보기' 블록을 추가시켜 'Spaceship' 스프라이트의 발사 방향을 정해준다.

[동작] 카테고리의  블록은 현재 'Spaceship' 스프라이트가 바라보는 방향의 값이다. 그러므로 은 'Spaceship' 스프라이트가 바라보는 방향으로부터 시계 방향으로 45도 회전한 방향을 의미한다.

02 발사가 이루어지는 동안 'Spaceship' 스프라이트의 자세를 돌려주기 위하여 상승 운동과 하강 운동 모두에 turn 45 / 가중치 degrees 블록을 추가시켜준다. 상승 운동과 하강 운동의 반복은 'i' 값에 따라 반복한다. 그리고 'i' 변수의 초기 값이 0으로 시작하기 때문에 결국 가중치 값만큼 반복된다. 따라서 상승 운동이 끝날 때 'Spaceship' 스프라이트가 지면과 수평을 이루기 위해서는 45도를 반복 횟수인 '가중치' 변수로 나누어 준 값으로 회전을 시켜주어야 한다.

```
발사 (을)를 받았을 때
펜 색깔을 30 만큼 바꾸기
펜 내리기
i (을)를 0 로 정하기
i = 가중치 까지 반복하기
    x좌표를 1 만큼 바꾸기
    y좌표를 1 만큼 바꾸기
    turn ↻ 45 / 가중치 degrees
    i 를 1 만큼 바꾸기
i (을)를 0 로 정하기
i = 가중치 까지 반복하기
    x좌표를 1 만큼 바꾸기
    y좌표를 -1 만큼 바꾸기
    turn ↻ 45 / 가중치 degrees
    i 를 1 만큼 바꾸기
펜 올리기
도장찍기
pop 소리내기
x: -215 y: -90 (으)로 가기
```

03 'Spaceship' 스프라이트는 프로그램 시작 시에는 45도를 바라보고, 상승 운동이 끝나는 시점에는 지면과 수평을 이루며, 하강 운동이 끝나는 시점에는 지면을 45도로 향하게 된다.

SECTION 04 값을 입력 받아 날아가기

프로젝트 16_04.sb2

미사일의 발사 각도를 입력받아 물리 법칙에 맞게 비행을 시켜보자.

01 이번 프로젝트는 물리 법칙에 맞게 'Spaceship' 스프라이트를 움직이게 하는 것이기 때문에 x좌표와 y좌표가 1씩 움직이지 않고 가변적으로 움직이게 된다. 따라서 '가중치' 변수를 움직임의 가변적 값을 조절하는 값으로 사용되므로 초기 값을 20으로 잡아준다. 그리고 '시작' 메시지를 방송한다.

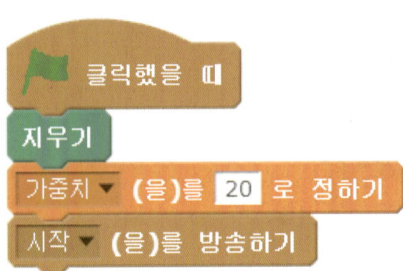

02 무대 스크립트에 다음 내용도 추가한다. '시작' 메시지를 받았을 때 블록 집합이 실행이 되면 발사 값을 입력받아 그 값을 '입력값' 변수에 저장하여 '발사준비' 메시지를 방송하여 'Spaceship' 스프라이트에게 알려준다.

```
시작 ▼ (을)를 받았을 때
입력값 ▼ (을)를 0 로 정하기
i ▼ (을)를 0 로 정하기
i = 1 까지 반복하기
    1도에서 90도 사이의 각도를 입력하세요.. (을)를 묻고 기다리기
    만약  대답 > 0  그리고  대답 < 91  라면
        i ▼ (을)를 1 로 정하기

입력값 ▼ (을)를 대답 로 정하기
발사준비 ▼ (을)를 방송하기
```

03 'Spaceship' 스프라이트 스크립트를 작성한다. '시작' 메시지를 받았을 때 'Spaceship' 스프라이트의 모양을 초기화 시킬 수 있도록 수정한다. 'spaceship-b' 모양은 다리가 나와 있는 발사 전 이미지이다.

```
시작 ▼ (을)를 받았을 때
x: -215 y: -90 (으)로 가기
90 ▼ 도 방향 보기
모양을 spaceship-b ▼ (으)로 바꾸기
펜 내리기
```

04 'Spaceship' 스프라이트의 모양을 'spaceship-a'로 바꾸고 입력한 값을 이용하여 발사 각도에 맞게 'Spaceship' 스프라이트를 회전시킨다. 'spaceship-a' 모양은 다리가 없는 비행 시 이미지이다.

05 물리 법칙이 적용되기 위하여 입력한 각도에 따라 x좌표와 y좌표의 증가값을 각각 cos과 sin값으로 정해준다. 하지만 산출되는 값의 범위가 0~1사이의 값이므로 일정한 비율로 값을 증가시키기 위하여 '가중치' 변수의 값으로 곱해준다.

'Spaceship' 스프라이트의 y좌표 시작 값을 '-90'으로 정해 주었기 때문에 'Spaceship' 스프라이트의 y의 값이 '-90'이 될 때까지 반복을 시켜주며, 연산에 의한 값이 정확히 '-90'이 나기기 힘들기 때문에 마지막 y좌표의 값을 '-90'으로 지정해준다.

로켓은 발사각도에 따라 앞으로 날아가려는 힘과 위로 올라갈려는 힘의 크기가 다르다. 하지만 로켓에 가해지는 에너지의 크기는 일정하기 때문에 삼각함수를 이용하여 각각의 힘의 크기를 구할 수 있다.

다음 그림에서 원 중심에서 원 밖으로 이어지는 반지름에 해당하는 선분의 길이가 로켓에 가해지는 힘의 총량이고, 이 힘은 로켓의 발사각도(θ)에 따라 각각 x좌표($\cos(\theta)$)와 y좌표($\sin(\theta)$)로 분리되어 구해 줄 수 있다.

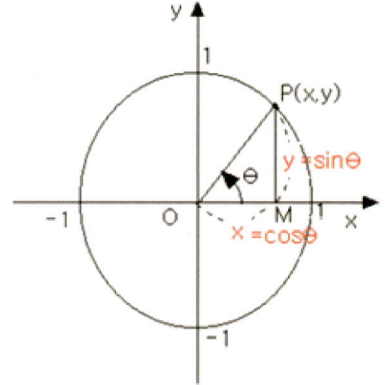

```
발사 ▼ (을)를 받았을 때
i ▼ (을)를 0 로 정하기
X변화 ▼ (을)를 cos ▼ of 입력값 * 가중치 로 정하기
Y변화 ▼ (을)를 sin ▼ of 입력값 * 가중치 로 정하기
비행 중 회전 각도 ▼ (을)를 입력값 / Y변화 로 정하기
y 좌표 < -90 까지 반복하기
    x좌표를 X변화 만큼 바꾸기
    벽에 닿으면 튕기기
    y좌표를 Y변화 - i 만큼 바꾸기
    turn ↻ 비행 중 회전 각도 degrees
    i ▼ 를 1 만큼 바꾸기
y좌표를 -90 (으)로 정하기
pop ▼ 소리내기
입력값 과 도 을(를) 결합하기 (을)를 2 초동안 말하기
펜 올리기
펜 색깔을 30 만큼 바꾸기
도장찍기
시작 ▼ (을)를 방송하기
```

06 완성된 프로젝트를 실행시켜서 각각의 비행 각도에 따른 비행 궤적을 살펴보기 바란다.

Chapter 16 미사일 발사 게임 (1)

Memo

CHAPTER
17

미사일 발사 게임 (2)

영화에 나오는 미사일을 본 적이 있을 것이다. 미사일은 어떻게 정확하게 목표를 맞출 수 있는 것일까? 첨단의 기술을 갖지 못한 과거에는 어떻게 미사일이나 대포를 정확하게 날릴 수 있었던 것일까? 미사일을 날리는 각도와 날아간 거리에는 어떤 관계가 있는 것일까? 16~18장에서는 이러한 내용에 대해 살펴보고 게임을 만들어 본다.

미사일은 발사 각도와 발사 에너지에 따라 원하는 위치로 비행을 하게 된다. 발사 각도와 발사 에너지의 값을 적당히 조절한다면 인공위성을 우주로 싣고 나르는 로켓이 될 수도 있고 원하는 위치로 날아가는 미사일이 될 수도 있다. 이번 게임제작에서 미사일의 운동은 다음과 같은 조건을 만족하도록 한다.

> [조건 1] 게임이 시작되는 미사일 스프라이트는 0~90도 사이로 발사 각도를 변화하게 된다.
> [조건 2] 특정 키보드를 누르면 미사일 스프라이트의 각도가 미사일 발사 각도로 입력된다.
> [조건 3] 미사일 스프라이트의 크기가 20~200% 사이로 변화하게 된다.
> [조건 4] 특정 키보드를 누르면 미사일 스프라이트의 크기가 미사일 발사 에너지로 입력된다.

SECTION 01 발사 각도 입력 받기

 프로젝트　　　　　　　　　　　　　　17_01.sb2

미사일 스프라이트의 상태 각도를 변화시키고 그 값을 발사 각도로 입력받아 보자.

01 16장의 프로젝트처럼 'Spaceship' 스프라이트를 생성하고, 무대 배경은 'moon'으로 지정한다.

02 'Spaceship' 스프라이트에 스크립트를 작성한다. 프로젝트가 실행되면 화면을 깨끗이 지우고 각도를 키보드의 '1' 키와 힘의 크기를 키보드의 '2' 키로 입력 받는다는 내용의 말하기 블록을 통하여 안내하고 '시작' 메시지를 방송한다.

03 '시작' 메시지를 받으면 'Spaceship' 스프라이트의 초기 상태를 정한다.

04 각도를 설정하는 스크립트가 비교적 길어질 수 있기때문에 [추가블록] 카테고리의 '블록 만들기'를 이용하여 '각도' 블록을 만든다.

변수 'i'를 만들고 '각도' 블록이 실행되면 'i' 변수의 초기 값으로 0을 설정한다. 각도를 지정하는 키보드의 키를 '1'로 정하였으므로 '1' 키가 입력될 때까지 실행이 되도록 한다. 각도를 지정하는 키보드의 키는 '1'이 아닌 화살표와 같은 키보드의 다른 키로 하여도 상관이 없다.

05 키보드의 'l'키가 입력이 될 때까지 'Spaceship' 스프라이트의 각도를 계속해서 변화를 해 줄 것이다. 따라서 'Spaceship' 스프라이트의 각도를 변화시켜 주는 블록을 추가한다. 하지만 'Spaceship' 스프라이트가 무대의 왼쪽하단에서 오른쪽으로 날아가도록 하기 위해서 스프라이트가 12시 방향에서 3시 방향으로만 반복해서 회전하도록 하기 위하여 다음과 같이 조건을 지정한다.

```
정의하기 각도
  i ▼ (을)를 0 로 정하기
  1 ▼ 키를 클릭했는가? 까지 반복하기
    만약 i = 0 라면
      turn ↻ 1 degrees
      만약 방향 = 180 라면
        i ▼ (을)를 1 로 정하기
    아니면
      turn ↺ 1 degrees
      만약 방향 = 90 라면
        i ▼ (을)를 0 로 정하기
```

06 키보드의 'l'키가 입력이 되면 회전을 하던 'Spaceship' 스프라이트가 멈추게 되고, 스프라이트의 방향을 통해 'Spaceship' 스프라이트의 비행 각도를 설정하는 블록을 추가한다.

```
    아니면
      turn ↺ 1 degrees
      만약 방향 = 90 라면
        i ▼ (을)를 0 로 정하기
각도 ▼ (을)를 90 - 방향 - 90 로 정하기
```

07 완성된 '각도' 블록을 03단계 스크립트에 추가한다.

SECTION 02 발사 에너지 입력 받기

프로젝트　　　　　　　　　　　　　　　17_02.sb2

미사일 스프라이트의 상태 크기를 변화시키고 그 값을 발사 에너지로 입력받아 보자.

01 에너지의 량을 설정하는 스크립트가 비교적 길어질 수 있기 때문에 [추가블록] 카테고리의 '블록 만들기'를 이용하여 '힘' 블록을 만든다. 'i' 변수의 초기 값으로 '0'을 설정하고, 에너지의 량을 지정하는 키보드의 키를 '2'로 정하였으므로 '2' 키가 입력될 때까지 실행이 되도록 한다.

02 키보드의 '2' 키가 입력이 될 때까지 'Spaceship' 스프라이트의 크기를 계속해서 변화를 해 줄 것이다. 따라서 'Spaceship' 스프라이트의 크기를 변화시켜 주는 블록을 추가한다. 스프라이트의 크기 변화의 최댓값을 '200'으로 최솟값을 '20'으로 지정한다.

```
정의하기 힘
i (을)를 0 로 정하기
2 키를 클릭했는가? 까지 반복하기
    만약 i = 0 라면
    
    아니면
    
    만약 크기 = 200 라면
    
    만약 크기 = 20 라면
```

03 스프라이트의 크기는 최대 크기와 최소 크기를 오가면 계속해서 변화해야 한다. 따라서 키보드 '2' 키의 값이 입력되기까지 반복시킨다. 변수 'i'의 값이 0이면 크기를 증가시켜주고, 변수 'i'의 값이 1이면 크기를 감소시켜준다. 변수 'i'의 값은 크기가 최댓값이거나 최솟값이 되었을 때 변화를 시켜준다.

```
정의하기 힘

i ▼ (을)를 0 로 정하기
2 ▼ 키를 클릭했는가? 까지 반복하기
    만약 i = 0 라면
        크기를 크기 + 5 % 로 정하기
    아니면
        크기를 크기 - 5 % 로 정하기
    
    만약 크기 = 200 라면
        i ▼ (을)를 1 로 정하기
    
    만약 크기 = 20 라면
        i ▼ (을)를 0 로 정하기
```

04 키보드 '2' 키 값이 입력이 되면 반복 구조를 빠져나오게 되며, 그 값을 기준으로 변수 '힘'에 에너지의 크기 값이 저장되게 된다.

```
만약 크기 = 200 라면
    i ▼ (을)를 1 로 정하기

만약 크기 = 20 라면
    i ▼ (을)를 0 로 정하기

힘 ▼ (을)를 크기 / 5 로 정하기
```

05 작성한 '힘' 블록을 스크립트에 삽입시켜주고 스프라이트의 크기를 처음 값으로 돌려준 후, 다음 단계인 '발사준비'를 방송한다.

```
시작 ▼ (을)를 받았을 때
크기를 30 % 로 정하기
x: -200 y: -90 (으)로 가기
90 ▼ 도 방향 보기
모양을 spaceship-b ▼ (으)로 바꾸기
각도
힘
크기를 30 % 로 정하기
발사준비 ▼ (을)를 방송하기
```

06 스크립트를 실행하여 키보드 'l' 키로 비행 각도를 설정하면 'Spaceship' 스프라이트의 크기가 변화하는 것을 확인할 수 있다.

SECTION 03 비행하기

프로젝트

17_03.sb2

미사일 스프라이트를 비행시켜보자.

01 '발사준비' 메시지를 받으면 'Spaceship' 스프라이트의 모양을 'spaceship-a'로 바꾸고 '발사준비' 및 '발사'를 말하고 다음 단계인 '발사' 메시지를 방송한다. 발사 시 음향 효과를 위하여 스크래치에서 기본적으로 제공해주는 'pop' 음향을 소리낸다.

02 '발사' 메시지를 받으면 화면의 좌우로 진행하는 크기의 값과 상하로 진행하는 값을 입력받은 '각도' 값과 '힘' 값을 이용하여 변수 'X변화'와 'Y변화'에 저장한다.
자연스러운 스프라이트의 자세를 위하여 변수 '각도'의 값과 'Y변화'의 값을 이용하여 변수 '비행 중 회전 각도' 값을 정한다. 'X변화', 'Y변화', '비행 중 회전 각도' 값의 계산 방법은 앞서 살펴보았듯이 삼각함수를 이용한다.

03 'Spaceship' 스프라이트가 비행 전의 높이로 내려오거나 화면의 끝인 벽에 닿을 때까지 비행을 시키기 위하여 위치변화를 반복적으로 실행한다. 좌우 값은 변수 'X변화' 값으로, 상하 값은 변수 'Y변화' 값을 이용하고, 자연스러운 자세를 위하여 변수 '비행 중 회전 각도' 값을 이용하여 회전시켜준다.

04 'Spaceship' 스프라이트의 비행이 끝나면 효과음 'pop'을 소리 내주고, 비행의 결과를 3초 동안 말하고 도장찍기를 이용하여 결과를 화면에 표시해 준 후, '시작' 메시지를 방송하여 처음의 위치로 가서 다음 비행을 준비한다.

05 프로젝트를 실행하면 다음과 같이 비행 결과를 확인 할 수 있다.

CHAPTER
18
미사일 발사 게임 (3)

영화에 나오는 미사일을 본 적이 있을 것이다. 미사일은 어떻게 정확하게 목표를 맞출 수 있는 것일까? 첨단의 기술을 갖지 못한 과거에는 어떻게 미사일이나 대포를 정확하게 날릴 수 있었던 것일까? 미사일을 날리는 각도와 날아간 거리에는 어떤 관계가 있는 것일까? 16~18장에서는 이러한 내용에 대해 살펴보고 게임을 만들어 본다.

미사일은 발사 각도와 발사 에너지에 따라 원하는 위치로 비행을 하게 된다. 이번에는 움직이는 표적을 적당한 발사 각도와 발사 에너지를 통해 격추시키는 다음의 조건을 통해 제작해본다.

[조건 1] 게임이 시작되는 미사일 스프라이트는 0~90도 사이로 발사 각도를 변화하게 된다.
[조건 2] 특정 키보드를 누르면 미사일 스프라이트의 각도가 미사일 발사 각도로 입력된다.
[조건 3] 미사일 스프라이트의 크기가 20~200% 사이로 변화하게 된다.
[조건 4] 특정 키보드를 누르면 미사일 스프라이트의 크기가 미사일 발사 에너지로 입력된다.
[조건 5] 표적이 움직이고 특정 키보드를 누르면 미사일이 비행하여 표적을 격추시킨다.

SECTION 01 움직이는 표적 격추하기

프로젝트 18_01.sb2

움직이는 표적을 미사일을 이용하여 격추하여 보자.

01 계속해서 스프라이트는 'Spaceship', 무대 배경은 'moon'을 사용한다. 무대 스크립트에 전체적인 발사 횟수와 성공 횟수, 그리고 성공률을 표시할 변수 '발사', '성공', '성공률'을 만들고 처음 실행될 때 초기 값을 0으로 지정한다.

02 'Spaceship' 스프라이트의 스크립트를 작성한다. 시작 버튼을 누르면 '도장 찍기' 블록 등 이전 실행 결과가 화면에 남아있을 수 있기 때문에 '지우기' 블록을 통해 지운다. 프로젝트 실행 시 필요한 키보드 입력 값을 안내하는 ''1'각도 설정/ '2'힘 설정/ '0' 발사' 문구를 '말하기' 블록을 통해 출력하고 다음 단계로 넘어가기 위하여 '시작' 메시지를 방송한다.

03 'Spaceship' 스프라이트의 발사 각도를 입력받는 블록 모음이 길기 때문에 '각도' 블록을 생성한다.

반복문에 필요한 변수 'i'를 만들고 '0'을 저장한다. 키보드 '1' 키 값이 입력이 될 때까지 계속해서 'Spaceship' 스프라이트의 각도를 변화시키기 위하여 반복 블록을 추가시킨 후 그 안에 다음과 같이 'Spaceship' 스프라이트의 방향이 '180'과 '90'이 될 때 회전 방향을 달리 해주는 조건을 넣어 준다. 키보드 '1' 키가 입력이 되면 'Spaceship' 스프라이트가 회전이 정지하게 되고, 바라보는 방향을 이용하여 비행 각도를 계산하여 변수 '각도' 값을 정의한다.

04 'Spaceship' 스프라이트의 발사 에너지를 입력받는 '힘' 블록을 생성한다.

반복문에 필요한 변수 'i'를 만들고 '0'을 저장한다. 키보드 '2' 키 값이 입력이 될 때까지 계속해서 'Spaceship' 스프라이트의 크기를 변화시키기 위하여 반복 블록을 추가시킨 후 그 안에 다음과 같이 'Spaceship' 스프라이트의 크기가 '20'과 '200'이 될 때 크기를 증가 또는 감소시켜 주는 조건을 넣는다. 키보드 '2' 키가 입력이 되면 'Spaceship' 스프라이트의 크기 변화가 정지하게 되고, 현재 크기를 이용하여 발사 에너지를 계산하여 변수 '힘' 값을 정의한다.

05 'Spaceship' 스프라이트의 초기 크기, 위치, 방향, 모양을 정의한다. 그리고 앞서 정의한 '각도' 블록 모음과 '힘' 블록 모음을 추가시키고 다음 단계로 넘어가기 위하여 '발사준비' 메시지를 방송한다.

```
시작 (을)를 받았을 때
크기를 30 % 로 정하기
x: -200 y: -90 (으)로 가기
90 도 방향 보기
모양을 spaceship-b (으)로 바꾸기
각도
힘
크기를 30 % 로 정하기
발사준비 (을)를 방송하기
```

06 '발사준비' 메시지를 받으면 'Spaceship' 스프라이트의 모양을 비행 모양인 'spaceship-a' 모양으로 바꾸고, 키보드 '0' 키 값이 입력되기까지 기다린다. 키보드 '0' 키가 입력되면 다음 단계로 넘어가기 위하여 '발사' 메시지를 방송하고 효과음 'pop'을 소리낸다.

```
발사준비 (을)를 받았을 때
모양을 spaceship-a (으)로 바꾸기
발사준비 완료 (을)를 0.5 초동안 말하기
0 키를 클릭했는가? 까지 기다리기
발사 (을)를 방송하기
pop 소리내기
```

07 표적 역할을 할 스프라이트를 라이브러리에서 선택하여 무대에 불러온다.
표적에 사용할 스프라이트는 취향에 따라 알맞게 선정한다. 이 책에서는 라이브러리의 'Hippo1' 스프라이트를 선택했다.

Hippo1

08 'Hippo1' 스프라이트가 미사일에 격추되었을 때 바꿀 스프라이트 모양을 [모양] 탭에서 추가한다. 라이브러리의 'button5-b'라는 스프라이트를 선택하였다.

09 'Hippo1' 스프라이트의 스크립트를 작성한다. 시작 버튼이 클릭되었을 때 초기 모양을 설정하고 설정한 위치로 이동한다.

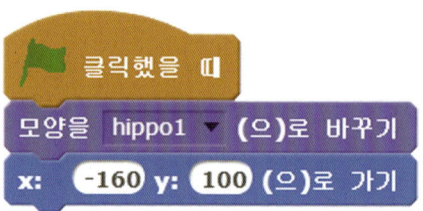

10 '발사준비' 메시지를 받으면 표적의 역할을 시작하기 위하여 화면에 남아있을 수 있는 이미지를 지워주는 '지우기' 블록을 추가시키고, 모양을 'hippo1'로, 위치를 'x:-160', 'y:100'으로 정의한다.

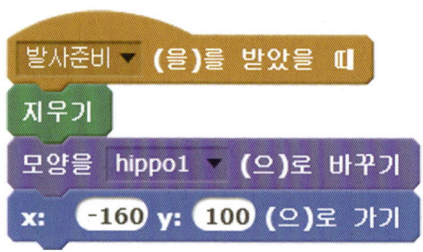

11 격추되기 전에는 계속 화면을 반복해서 운동해야 하기에 '무한 반복하기' 블록을 추가시켜주고, 'Spaceship' 스프라이트에 닿았을 때와 벽에 닿았을 때 운동을 정지, 또는 처음 위치로 가는 조건 블록을 넣어준다. 'Spaceship' 스프라이트에 닿았다면 미사일에 격추가 된 상황이므로 'hippo1' 스프라이트의 모양을 'bytton5-b'로 바꾸고 도장을 찍은 후 잠시 기다리고 '무한 반복하기' 블록을 정지시킨다. '벽'에 닿았다는 것은 격추가 되지 않았다는 것이므로 처음의 위치로 이동하게 하고, 어떠한 것에도 닿지 않았을 경우에는 필요한 만큼을 운동하게 한다.

12 표적인 'Hippo1' 스프라이트를 맞춘 상황 스크립트를 'Spaceship' 스프라이트에서 작성해 보자.

'Spaceship' 스프라이트가 표적을 격추시켰는가를 확인하는 블록 모음이 길기 때문에 '충돌확인' 블록을 생성한다.

13 '무한 반복하기' 블록을 통해 계속해서 운동을 할 수 있도록 하고, 그 안에서 'Hippo1' 스프라이트에 닿았는가를 확인한다. 만약 닿았다면 변수 '발사', '성공'에 1을 증가시키고, 성공률을 계산하여 '성공률' 변수를 정의하고, 격추시켰기 때문에 스크립트를 멈춘다.

14 'Hippo1' 스프라이트에 닿지 않았다면 처음위치 보다 낮거나 벽에 닿았는지를 확인한다. 만약 조건에 맞는다면 변수 '발사'에 1을 증가시키고 성공률을 계산하여 '성공률' 변수를 재 정의하고 운동을 정지하기 위하여 반복문을 정지한다.

15 만약 조건에 맞지 않는다면 계속 운동을 하기 위하여 'X좌표', 'Y좌표'를 변화시키고, 비행 중 상태를 자연스럽게 하기 위하여 'Spaceship' 스프라이트의 각도를 회전시킨다.

16 '발사' 메시지를 받았을 경우 삼각함수를 이용해서 'X변화'와 'Y변화' 변수를 정의하고, '비행 중 회전 각도' 변수를 '각도'와 'Y변화' 변수를 이용하여 정의한다. 앞서 정의한 충돌확인 블록 모음을 추가하고, 효과음 'pop'을 소리 낸 후, 재 발사를 위하여 '시작' 메시지를 방송한다.

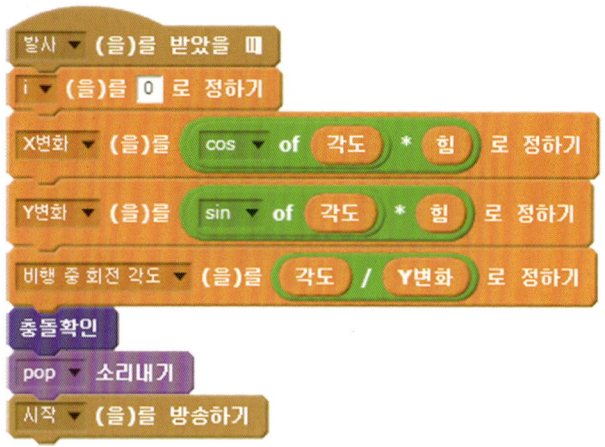

17 프로젝트를 실행하면 다음과 같이 '발사', '성공', '성공률' 값이 변하며, 표적을 맞추면 표적의 모양이 바뀌며 게임을 계속 진행할 수 있다.

Memo

실전과제 풀이

Chapter 02. 실전과제 풀이 p. 31

01 02장에서 만든 라인디자인 프로젝트는 같은 블록들을 반복적으로 사용하고 있다. 이것은 스크립트를 더 단순하게 만들 수 있음을 보여준다. 기본적으로 아래와 같은 구조에 x, y 변수의 초기 값과 변화하는 값만 다르다는 것을 알 수 있다.

```
x ▼ (을)를 0 로 정하기
y ▼ (을)를 180 로 정하기
30 번 반복하기
    x: 0 y: y (으)로 가기
    x ▼ 를 6 만큼 바꾸기
    펜 내리기
    0.2 초 동안 x: x y: 0 으로 움직이기
    펜 올리기
    y ▼ 를 -6 만큼 바꾸기
```

02 다음 그림은 각 위치의 x, y 변수의 초기 값과 변화하는 값을 정리한 것이다. 프로젝트 개선의 핵심은 아래의 내용을 추가한 변수를 사용하여 간단히 만드는 것이다.

②	①
\<초기 값\> x: 0 y: 180 \<변화하는 값\> x: -6 y: -6	\<초기 값\> x: 0 y: 180 \<변화하는 값\> x: 6 y: -6
④	③
\<초기 값\> x: 0 y: -180 \<변화하는 값\> x: -6 y: 6	\<초기 값\> x: 0 y: -180 \<변화하는 값\> x: 6 y: 6

03 프로젝트 개선에 필요한 변수 'x방향', 'y방향' 변수를 만들자. 각각의 변수는 x, y 변수의 값의 변화에 영향을 미친다. 즉 'x방향', 'y방향'은 1과 -1의 값만을 가지고 `x * x방향`, `y * y방향`의 수식을 통해 각 지역의 초기 값과 변화하는 값을 지정해 줄 수 있다. 아래 그림처럼 각 위치별로 초기 값과 변화하는 값을 지정하던 것에서 ①번 위치를 기준으로 해서 'x방향', 'y방향' 변수를 사용하여 값을 제어할 수 있게 된 것이다.

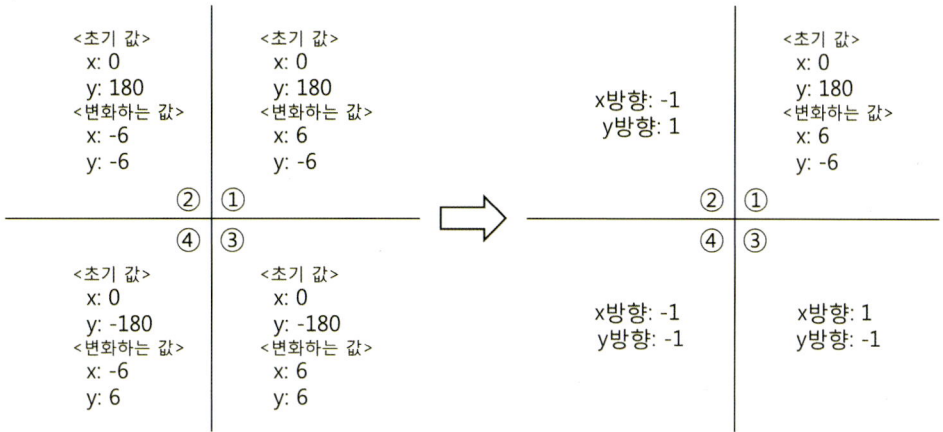

04 완성된 프로젝트는 다음과 같다. 'x방향', 'y방향' 변수의 변화에 대해 유심히 살펴보기 바란다.

Chapter 03. 실전과제 풀이   p. 45

01 띠그래프를 보조선을 그리기 위해 보조선 역할을 할 검은색 선 스프라이트와 모양이 각각 0, 10, 20, 30, 40, 50, 60, 70, 80, 90, 100인 스프라이트를 만든다. 마찬가지로 원그래프의 보조선을 그리기 위한 검은색 선 스프라이트와 모양이 각각 10, 20, 30, 40, 50, 60, 70, 80, 90, 100인 스프라이트를 만든다. 원그래프 보조선을 그리기 위한 스프라이트는 회전을 시켜야 하므로 스프라이트의 중심을 아래의 그림처럼 설정해 주어야 한다.

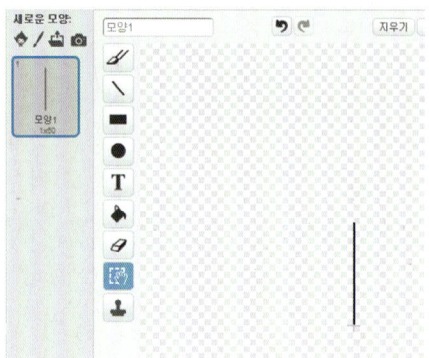
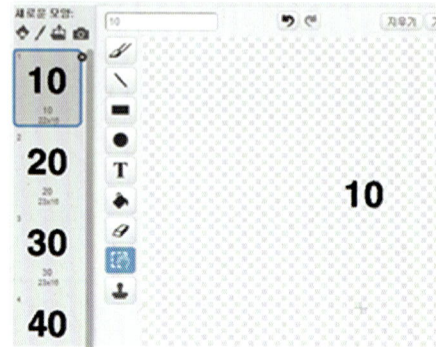

02 마우스를 따라가도록 하기 위해 [동작] 카테고리의 `마우스의 포인터 위치로 가기`를 반복문 안에 넣는다. 스페이스바 키와 마우스 클릭을 하면서 제대로 실행되는지 확인한다.

이전 스크립트   수정 스크립트

03 띠그래프를 그리기 위한 프로그램은 다음과 같다.

기준선 그리기   눈금의 숫자 나타내기

04 원그래프를 그리기 위한 프로그램은 다음과 같다.

05 완성된 프로그램은 다음과 같다.

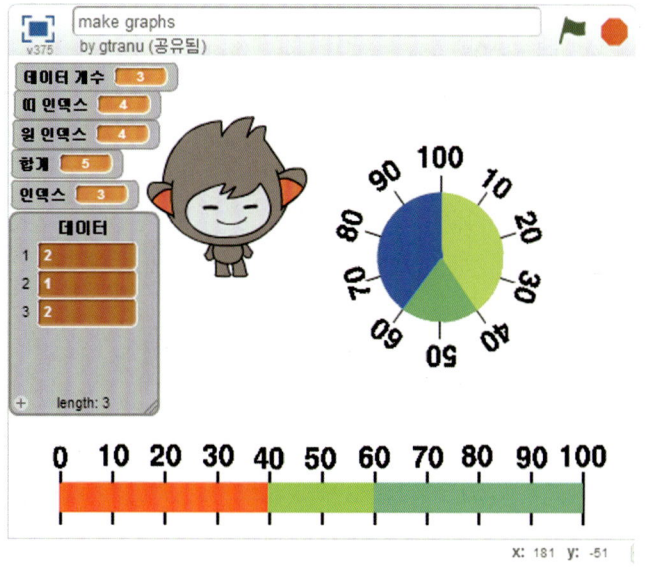

Chapter 04. 실전과제 풀이  p. 57

01 4장에서 만든 단리와 복리의 프로젝트를 합쳐주면 된다. 단, 단리와 복리 계산을 따로 해야 하기 때문에 원래 있던 '현재 금액' 변수와 '금액 변화' 리스트를 각각 분리해줘야 한다. '단리 금액', '복리 금액' 변수와 '단리', '복리' 리스트를 만들고 아래와 같이 배치한다.

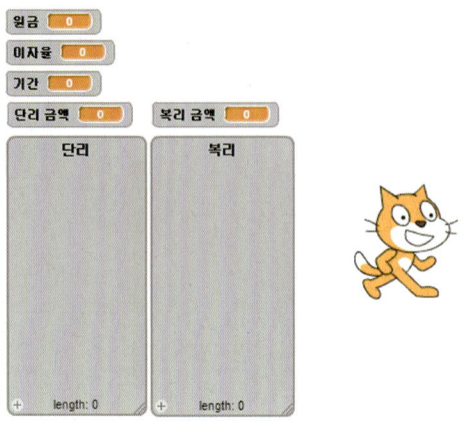

02 4장의 내용을 참고해서 아래와 같이 프로젝트를 작성한다. 마지막에는 복리와 단리의 차이를 말해주는 스크립트를 추가한다.

Chapter 06. 실전과제 풀이   p. 73

01 '몇 차까지 검증하겠습니까?'를 묻고 기다린 후 사용자의 입력 값만큼 기존 스크립트를 반복한다.

하지만 변수와 달리 결과 값이 회차별로 제시되어야 하므로 리스트를 이용해서 구슬이 선택된 값을 저장해야 한다. 예를 들어 `add 빨강구슬 to 빨강구슬` 과 같이 빨강구슬의 선택된 값을 저장해야 하고 프로그램이 최초에 실행될 때 기존에 저장된 리스트의 값을 모두 지워야 하므로 `delete 모두 of 빨강구슬` 스크립트와 같이 작성해야 한다.

```
[클릭했을 때]
빨강구슬 ▼ (을)를 0 로 정하기
파랑구슬 ▼ (을)를 0 로 정하기
노랑구슬 ▼ (을)를 0 로 정하기
delete 모두 ▼ of 빨강구슬 ▼
delete 모두 ▼ of 파랑구슬 ▼
delete 모두 ▼ of 노랑구슬 ▼
구슬 선택을 몇 번 하겠습니까? (을)를 묻고 기다리기
선택횟수 ▼ (을)를 [대답] 로 정하기
몇 차까지 검증하겠습니까? (을)를 묻고 기다리기
[대답] 번 반복하기
    선택횟수 번 반복하기
        구슬번호 ▼ (을)를 1 부터 10 사이의 난수 로 정하기
        만약 구슬번호 < 6 라면
            빨강구슬 ▼ 를 1 만큼 바꾸기
        아니면
            만약 구슬번호 < 9 라면
                파랑구슬 ▼ 를 1 만큼 바꾸기
            아니면
                노랑구슬 ▼ 를 1 만큼 바꾸기
    add 빨강구슬 to 빨강구슬 ▼
    add 파랑구슬 to 파랑구슬 ▼
    add 노랑구슬 to 노랑구슬 ▼
    빨강구슬 ▼ (을)를 0 로 정하기
    파랑구슬 ▼ (을)를 0 로 정하기
    노랑구슬 ▼ (을)를 0 로 정하기
```

Chapter 07. 실전과제 풀이 p. 83

01 가장 간단한 방법은 선택값을 변경시키면서 입력한 숫자가 나누어떨어지는지 확인하면 된다. 예를 들어 13을 입력했다면 13을 2~12까지 숫자로 나누어서 나머지가 0인지 확인하면 된다. 나머지가 0이라는 것은 나누어떨어진다는 의미이고 선택값이 입력한 숫자의 약수라는 말이 된다. 이것을 스크립트로 작성하면 아래와 같다.

02 프로그래밍 실력은 자기가 작성한 프로젝트를 다시 한 번 확인하면서 문제점을 파악하고 그 문제점을 해결하는 과정에서 향상된다. 이것을 디버깅이라고 하는데 이런 과정을 거쳐야만 보다 좋은 프로젝트를 작성할 수 있다.

앞에서 작성한 프로젝트의 문제점은 무엇일까?

문제점을 파악하기 위해 입력 값으로 43112609를 넣어보자. 아마 소수를 판별하는데 오랜 시간이 걸릴 것이다(저자는 3분 15초 걸렸다). 43112609는 소수이기 때문에 앞의 프로젝트를 실행하면 선택값이 2~43112608까지 변경되면서 약수인지 확인해야 한다. 즉 불필요한 연산 때문에 오랜 시간이 걸리는 것이다. 그럼 불필요한 연산을 줄여보자.

우리들은 어떤 수의 약수를 구할 때 그 수를 자연수의 곱으로 나타내서 약수를 찾아낸다. 24와 36의 약수를 찾는 과정을 살펴보자.

```
24 = 1 × 24  ┐
24 = 2 × 12  │
24 = 3 × 8   ├ ①
24 = 4 × 6   ┘
24 = 6 × 4
24 = 8 × 3
24 = 12 × 2
24 = 24 × 1

36 = 1 × 36  ┐
36 = 2 × 18  │
36 = 3 × 12  ├ ②
36 = 4 × 9   │
36 = 6 × 6   ┘
36 = 9 × 4
36 = 12 × 3
36 = 18 × 2
36 = 36 × 1
```

위와 같이 24와 36을 자연수의 곱으로 나타낼 수 있는데 약수를 찾을 때는 ①, ②만 찾아내면 된다. 왜냐하면 이후의 과정은 곱하는 자연수의 앞, 뒤 숫자만 바뀌기 때문이다. 이것은 프로젝트를 개선하는데 아주 중요한 요소이다. ①, ②에서 보는 바와 같이 약수를 찾는 반복을 〔선택값 * 선택값 > 숫자〕로 제한하면 선택값의 범위를 줄일 수 있을 뿐만 아니라 프로젝트의 전체적인 연산도 많이 줄일 수 있다.

아래는 이 내용을 적용한 개선된 프로젝트이다. 확인을 위해 43112609를 입력해 보기 바란다.

Chapter 08. 실전과제 풀이   p. 93

01   먼저, dot 스프라이트에 펜 색깔과 굵기를 정하는 스크립트를 추가한다.

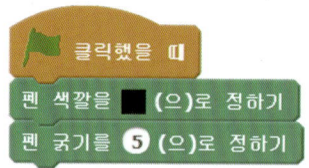

02   이제는 draw 방송이 나올 때마다 펜 음영을 바꿔주며 색깔을 다채롭게 만들어보자. 아래의 왼쪽에 있었던 스크립트에서 오른쪽처럼 '펜 음영을 (10)만큼 바꾸기' 블록을 추가하자.

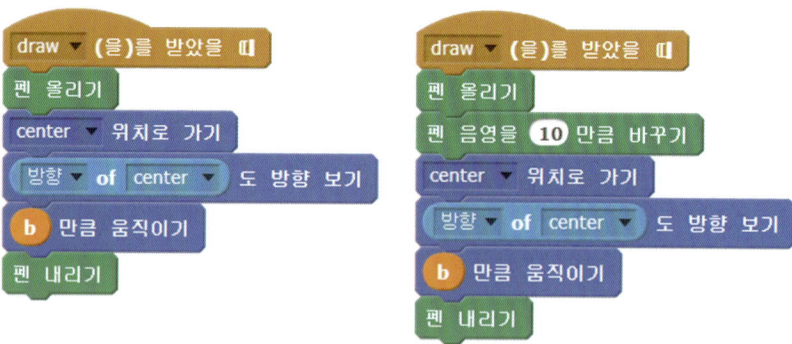

03 실행결과는 다음과 같다.

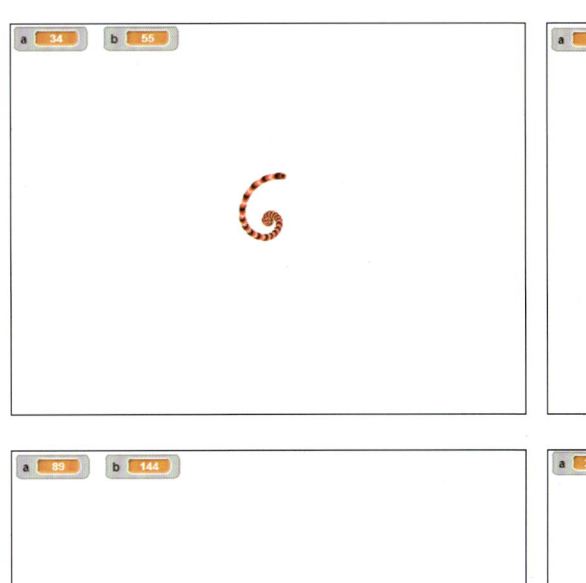
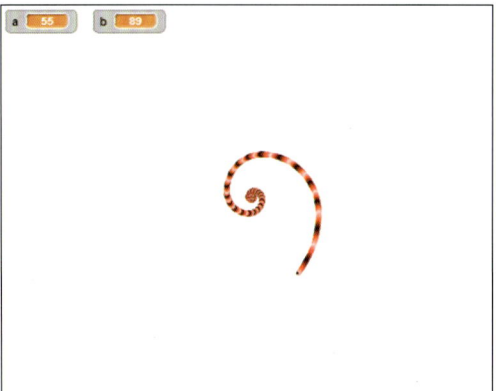
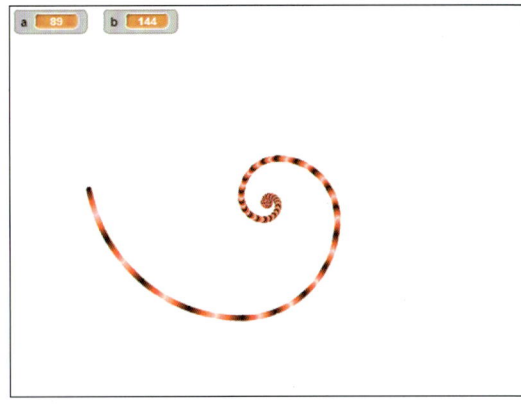
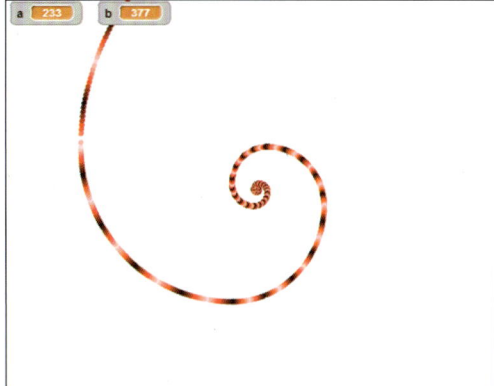

Chapter 11. 실전과제 풀이　　p. 127

01　11장의 프로젝트에서 마녀와 바위 스프라이트를 가져온 후 다음 그림과 같이 배치한다.

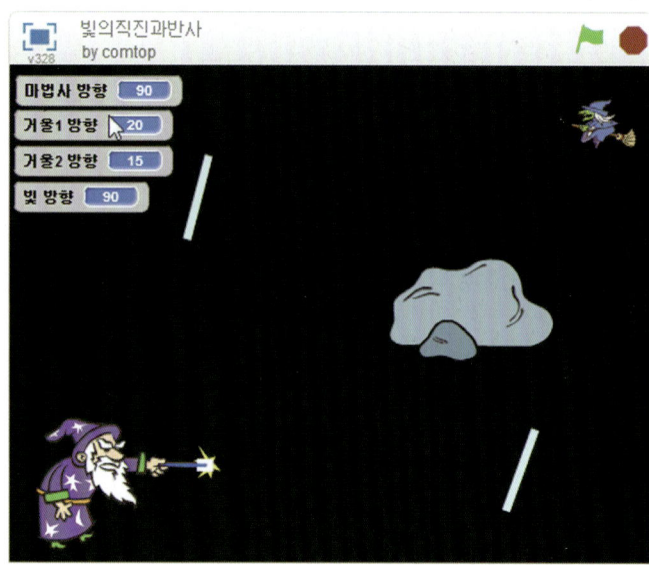

02　게임의 성공 여부는 빛이 마녀에게 도착했는지에 따라 결정되므로 마녀 스프라이트에 다음 스크립트를 작성하여 빛에 닿았는지 확인한다. 빛에 닿는 경우 '성공'을 방송한다.

마법사 스프라이트에서 '성공'을 받으면 '성공'이라고 말한다.

03 게임의 실패는 빛이 바위에 부딪히는 경우와 벽에 닿는 경우이다. 먼저 바위에 부딪히는 경우는 마녀와 같이 빛에 닿았는지 확인하여 '종료'를 방송한다.

빛이 벽에 닿는지는 빛 스프라이트에서 벽에 닿는지 확인한 후 '종료'를 방송한다.

위 2가지 경우에서 '종료'를 방송하면 마법사 스프라이트에서 '종료' 방송을 받고 '실패'라고 말한다.

Chapter 12. 실전과제 풀이   p. 141

직접 총 10번의 시뮬레이션 결과로 이들의 비율을 기록하였다. 기록 시점은 RR+Rr, 또는 rr이 100을 넘는 시점으로 하였다.

	1회	2회	3회	4회	5회	6회	7회	8회	9회	10회	총
RR+Rr	101	107	100	101	102	103	110	108	106	102	1,040
rr	17	56	25	45	14	56	33	21	45	56	368
RR+Rr : rr 비율	5.9:1	1.9:1	4:1	2.2:1	7.2:1	1.8:1	3.3:1	5.1:1	2.3:1	1.8:1	2.8:1

Chapter 13. 실전과제 풀이   p. 150

펜을 이용하게 될 때의 장점은 처리 속도가 매우 빠르다는 것이고, 단점은 애니메이션 효과가 줄어든다는 점이다.

펜을 이용하기 위한 스크립트는 'CELL' 스프라이트에만 작성한다.

01 'CELL' 스프라이트에 다음과 같은 스크립트 모듈 2개를 작성하자.

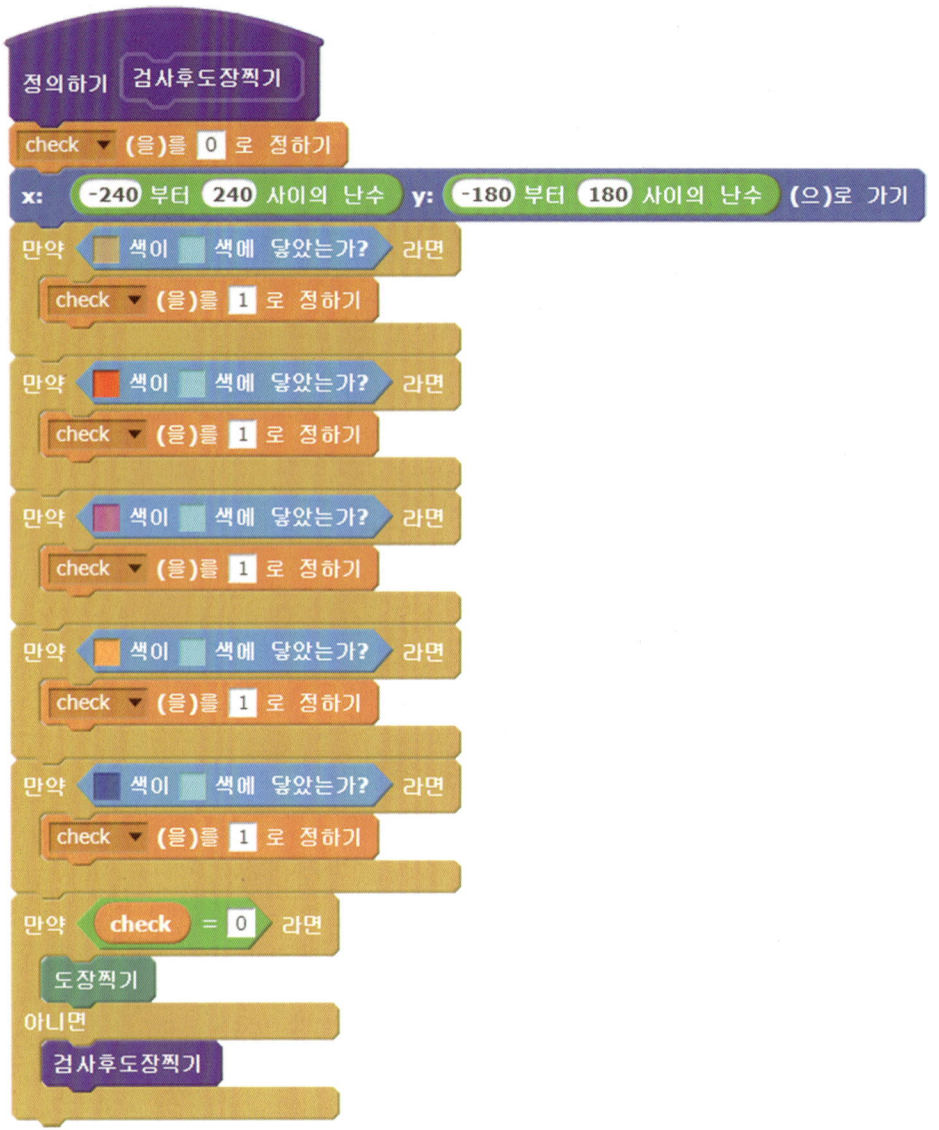

이 때 사용되는 추가 블록에서 유의해야 하는 부분은 자신의 모듈을 다시 호출하는 부분이 있다는 것이다. 쉽게 설명하자면, check 변수는 현재 CELL 스프라이트 위치에서 어떤 그래픽 색깔이 있는지 확인하고 있을 경우는 1이 저장되고 그렇지 않을 경우에만 0이 그대로 남게 된다.

그러면 check=0 일 때 (즉, 현재 위치에 다른 CELL 그림이 없을 경우) 도장을 찍게 되고, 그렇지 않을 경우에는 다시 '검사후도장찍기' 함수를 호출하게 된다.

02 이렇게 만든 새로운 프로젝트를 실행하여 보자.

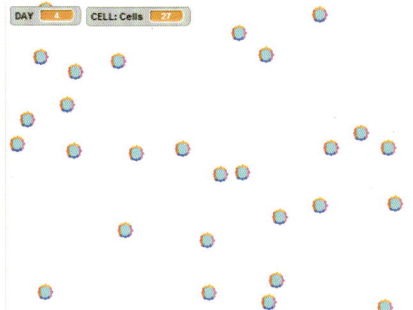 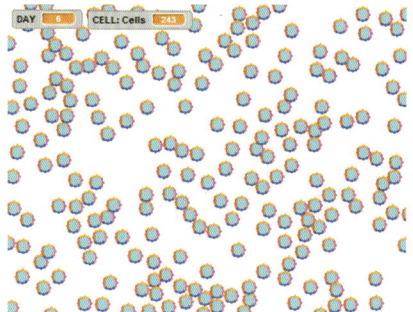

Chapter 15. 실전과제 풀이 p. 166

01 15장에서 작성한 프로그램에서 농구공의 밑에 있는 벽보다 내려가는 경우가 발생하는 이유는 스크래치에서 다음 그림과 같이 스프라이트가 벽에 닿는 순간을 모두 똑같이 인식하기 때문이다.

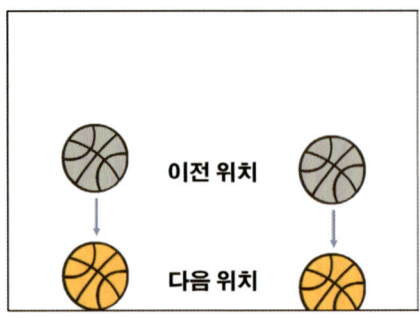

따라서 벽보다 밑으로 내려가는 부자유스러운 움직임을 예방하려면 다음 공의 위치로 이동하기 전에 최대로 내려갈 수 있는 농구공의 위치와 비교하여 위치를 수정해주어야 한다.

02 15장에서 작성한 스크립트에서 '튕기기'를 받았을 때 움직이는 부분을 아래와 같이 수정하면 해결할 수 있다. 농구공의 다음 위치로 이동하기 전에 이동할 위치를 계산한 후 최대로 내려갈 수 있는 농구공의 y좌표의 값 -147과 비교하여 더 내려가는 경우(스크래치의 좌표 체계를 생각해보면 -147보다 값이 더 작은 경우) 농구공의 y좌표를 -147로 정하면 자연스러운 농구공의 움직임을 표현할 수 있다.

이전 스크립트　　　　　　수정 스크립트

※ 농구공이 최대로 내려갈 수 있는 y좌표의 값 -147은 정해진 값이 아니라 사용자마다 농구공의 크기를 조절하다보면 달라질 수 있다. 확인하는 방법은 스테이지에서 마우스로 농구공을 최대한 벽에 닿도록 위치시킨 후 우측 그림과 같이 스프라이트 정보에서 확인할 수 있다.

색인

경우의 수	70
교육용 프로그래밍 언어	10
단리	50
띠그래프	38
리스트	35
메시지	38
멘델의 유전법칙	130
백분율	48
변수	26
복리	54
비	60
세포분열	144
소수	76
스크래치	10
스크립트	14
스트라이트	14
에라토스테네스의 체	76
원그래프	41
태양의 고도	152
파보나치 나선	88
파보나치 수열	86
프로그래밍	10
확률	70
STEAM	11